Gerhard Wehr

Christian Rosenkreuz
Urbild und Mysterium der Rosenkreuzer

Bibliographische Information der Deutschen Bibliothek:
Die Deutsche Bibliothek verzeichnet diese Publikation in der
Deutschen Nationalbibliografie; detaillierte bibliografische
Daten sind im Internet über http://dnb.ddb.de abrufbar.

Erste Ausgabe: Christian Rosenkreuz, Urbild und Inspiration
neuzeitlicher Esoterik, Aurum Verlag, 1980
Zweite Auflage: dto. J. Kamphausen Verlag, 1984
© 2008 by Edition Pleroma, Frankfurt am Main
Alle Rechte vorbehalten
Satz und Titelgestaltung: Nicolas Vassiliev
Titelbild: Christian Rosenkreuz im Aufbruch,
Nicolas Vassiliev, 2008
Druck: Books on Demand GmbH, Norderstedt

ISBN 978-3-939647-06-5
www.edition-pleroma.de
E-Mail: info@edition-pleroma.de

Gerhard Wehr

Christian Rosenkreuz

Urbild und Mysterium
der Rosenkreuzer

Wer in den philosophischen Rosengarten will gehen ohne den Schlüssel, ist gleich einem Manne, der gehen will ohne Füße.
(Michael Maier, Atalanta Fugiens, 1618)

*Die gegenwärtige Kulturepoche kann ihre Aufgabe nur erfüllen,
wenn die Kräfte der materiellen Welt zur vollsten Blüte gebracht
und so allmählich ihr Gebiet der Geistigkeit erobert wird.*

*Nur wenn man in Demut und in Klarheit und nicht aus der
Schwärmerei heraus nach dem Höchsten strebt, kann Heilsames
für den Fortgang der Menschheit geschehen.*

*Rudolf Steiner, 1911
Von der geistigen Führung des Menschen und der Menschheit*

Diese Allegorie zeigt das Hauptwerk (Ergon) der Rosenkreuzer im Gebetszelt; das Nebenwerk (Parergon) beinhaltet die Kunst, die Natur in das Übernatürliche zu erheben. (Theophil Schweighart, 1618)

Inhalt

Vorwort 9

Geleit zur Neuauflage des Jahres 2008 19

Annäherung an ein Urbild 21

Generalreformation im Zeichen von Lilie und Rose 31

Die Grundschriften des Rosenkreuzertums 43

I. Chymische Hochzeit Christiani Rosenkreuz 49

II. Fama Fraternitatis 65

III. Confessio Fraternitatis 75

Johann Valentin Andreae und sein großer Traum 85

Christian Rosenkreuz und das
rosenkreuzerische Christentum 103

Vom Fortgang der Rosenkreuzer-Forschung 109

Das Rosenkreuzertum im Werk
Rudolf Steiners – Ein Exkurs 115

Literaturhinweise 137

Über den Autor 141

Anmerkungen 143

Vorwort

Christian Rosenkreuz ist eine Kult- und Kunstfigur, eine personifizierte Metapher des Geheimwissens. Seit Jahrhunderten fasziniert diese Imago jeweils eine Schar von Erdenbürgern, die nach dem Ursprung der Dinge suchen. Christian Rosenkreuz hilft den Menschen in allen Stadien des Suchens. Er weist den Weg demjenigen, der gleichsam noch unschlüssig unter den Zedern steht, und er vermittelt enormes Wissen und höchste Ahnung dem nächsten, der bereits tiefe Kenntnisse der sogenannten geheimen Wissenschaften besitzt.

All dies wurde mit drei kleinen Schriften erreicht, die zudem unter Religions- und Literaturwissenschaftlern sowie Historikern heftig umstritten sind; zieht man doch schon die Urheberschaft in Zweifel, die gewöhnlich Johann Valentin Andreae zugeschrieben wird. Er, der Dreißigjährige, habe solche Weisheiten gar nicht allein besitzen und niederlegen können; ihm müsse Hilfe – die gewöhnlich an seinem Tübinger Freundeskreis festgemacht wird – zuteil geworden sein.

Auch wird die literarische Form vor allem jene der »Chymischen Hochzeit des Christian Rosenkreuz« häufig als Beleg dafür genommen, dass die Aussagen gar nicht »ernst« gemeint gewesen seien, dass es sich vielmehr um eine vergleichsweise belanglose gesellschaftliche Satire handele.

Wenn dem so wäre, wären die Schriften lange in Vergessenheit geraten. Das sind sie aber gerade nicht. Ganz im Gegenteil. Das Befassen mit Christian Rosenkreuz und den drei Schriften, die ihn vorstellen – die Fama Fraternitatis, die

Confessio Fraternitatis und die Chymische Hochzeit des Christian Rosenkreuz – lohnt immer wieder, fasziniert und inspiriert stets neue Generationen von Suchenden. Wer auch immer Urheber dieser rosenkreuzerischen Welle war – er hat einen zeitlosen Mythos geschaffen:

Die Figur des Christian Rosenkreuz ist fest verankert in Jahrhunderte alten Mythen und Symbolen. Das erleichtert Menschen aus unterschiedlichen Kulturkreisen den Zugang, gibt der Figur C.R.C. aber auch eine hohe Standfestigkeit. Gerhard Wehr spricht zurecht von einem Archetypus.

Die wichtigste der Schriften – die Chymische Hochzeit – ist in der Ich-Form geschrieben, die den Leser dazu bringt, die sieben Tage der Hochzeit sozusagen mitzuerleben, sich mit der Hauptfigur zu identifizieren. So gerät er spielerisch und unterhaltsam (also auf dem sog. Königsweg) an die Pforten des Wissens.

Die in den Schriften enthaltenen Mythen werden geschickt mit der Sehnsucht der Suchenden, weiterzukommen, verbunden. Denn ihnen wird eine Heimstatt angeboten: In der C.R.C.-Bruderschaft sollen Brüder und Schwestern gemeinsam an den Aufgaben, die sich während der Suche stellen, arbeiten und in rituellen Zusammenkünften kurze Augenblicke der Transzendenz schaffen. Die C.R.C.-Bruderschaft öffnet freundlich lächelnd ihre Arme und lädt zum Mittun ein.

Gleichzeitig legen die Schriften zahlreiche trügerische Fährten, auf die zielsicher all jene geraten, denen es an Ernsthaftigkeit, Zutrauen oder einfach Zugang mangelt. Das beginnt mit den vielen satirischen Elementen, die augenzwinkernd vorgeben, es sei alles nicht so ernst gemeint und zieht sich durch das »falsche« Zahlenspiel der Alchimia hin bis zum vorgeblich fehlenden Schluss. Wer sich in diese Fragen verbeißt, ist noch im Äußeren verhaftet – und bleibt daran hängen. Das tiefe Wissen bleibt ihm verborgen, denn er ist hierfür noch nicht reif.

Für denjenigen aber, der sich von diesen Fährten nicht in die Irre führen lässt, öffnen die Schriften immer wieder neue Schichten der Erkenntnis. Vor allem die Chymische Hochzeit ist geradezu ein Kompendium an offenbartem Geheimwissen. Wer die sieben Tage der Hochzeit durcharbeitet, wer versucht, die Symbole zu entschlüsseln und in Beziehung zu setzen mit der Erzählung, der wird zielsicher durch ein Lehrbuch der Mystik geführt. Wer den vielen Hinweisen jeweils bis zu den Quellen nachspüren will, der hat viele Jahre zu tun. Bei alldem liegt kein trockenes unverständliches Buch vor, sondern eine heitere, spannende Erzählung. Kein Wunder, dass bis auf den heutigen Tag viele auf die buntschillernde Verpackung hereinfallen und die satirischen Elemente in Beziehung setzen zu der aufgewühlten Zeit des dreißigjährigen Krieges, in der sie entstanden sind. Gerhard Wehr tut gut daran, gleich zu Beginn seines Buches auf die übergeordneten Aspekte der Chymischen Hochzeit hinzuweisen: »Von sekundärer Bedeutung bleibt, ob es sich um historisch nachweisbare Personen handelt oder um Ideen, die in verschiedenen Zusammenhängen und Bezeichnungen aufzufinden sind. Sehr viel wirksamer und nachhaltiger erweisen sich oft jene Figuren, denen eine urbildhafte, eben eine archetypische und transpersonale Sinnhaftigkeit eignet.«

Gewiss, es ist hilfreich, sich die historischen und religionswissenschaftlichen Rahmenbedingungen vor Augen zu führen, in der die Schriften entstanden sind. Gerhard Wehr gelingt dies mit der Autorität seines tiefen Wissens um diese Dinge.

Aber das periphere Wissen darf uns nicht davon abhalten, die eigentliche Botschaft von Christian Rosenkreuz zu erkennen und seiner Weisung in das verinnerlichte Leben eines Eingeweihten zu folgen. Durch Zeit und Raum ruft er einem Jeden von uns zu: Bereite Dich eines Tages auf die Einladung zu Deiner eigenen Chymischen Hochzeit vor, die Dich in ein höheres Dasein führen wird. Bestehe die Prüfungen mit Vertrauen und Demut! Übe Dich in Beständigkeit, wachse über Dich hinaus und erfülle dereinst die Dir zugewiesene Aufgabe in der Bruderkette der Rosenkreuzer!

Walter Plassmann,
Hamburg 2008

In welcher Gestalt das Kreuz von Rosen geschmückt wird, ob mit einer Rose im Schnittpunkt beider Kreuzesbalken, vier in den rechten Winkeln, von fünf oder sieben umschlungen, es bleibt dieselbe Symbolik: Dem Kreuz der Zeitlichkeit wird die Rose als Symbol der unvergänglichen Liebe zugesellt. So fand auch Johann Wolfgang von Goethe in seinem Fragment »Die Geheimnisse« ergreifende Worte im Signum des Rosenkreuzes, rief Erlebbares aus den antiken Mysterienkulten in die Gegenwart, führt uns an die Pforte der Einweihung und beantwortet so weit dies möglich ist die Frage: *Wer hat dem Kreuze Rosen zugesellt?*

Die Geheimnisse

Ein wunderbares Lied ist euch bereitet;
Vernehmt es gern und jeden ruft herbei!
Durch Berg und Täler ist der Weg geleitet;
Hier ist der Blick beschränkt, dort wieder frei,
Und wenn der Pfad sacht in die Büsche gleitet,
So denket nicht, daß es ein Irrtum sei;
Wir wollen doch, wenn wir genug geklommen,
Zur rechten Zeit dem Ziele näher kommen.

Doch denke niemand, daß mit vielem Sinnen
Das ganze Lied er je enträtseln werde:
Gar viele müssen vieles hier gewinnen,
Gar manche Blüten trägt die Mutter Erde;
Der eine geht mit düsterm Blick von hinnen,
Der andre weilt mit fröhlicher Gebärde:
Ein jeder soll nach seiner Lust genießen,
Für manchen Wandrer wird die Quelle fließen.

Ermüdet von des Tages langer Reise,
Die auf erhabnen Antrieb er getan,
An einem Stab nach frommer Wandrer Weise
Kam Bruder Markus, außer Steg und Bahn,
Verlangend nach geringem Trank und Speise,
In einem Tal am schönen Abend an,
Voll Hoffnung in den waldbewachsnen Gründen
Ein gastfrei Dach für diese Nacht zu finden.

Am steilen Berge, der nun vor ihm stehet,
Glaubt er die Spuren eines Wegs zu sehn,
Er folgt dem Pfade, der in Krümmen gehet,
Und muß sich steigend um die Felsen drehn;
Bald sieht er sich hoch übers Tal erhöhet,
Die Sonne scheint ihm wieder freundlich schön,
Und bald sieht er mit innigem Vergnügen
Den Gipfel nah vor seinen Augen liegen.

Und nebenhin die Sonne, die im Neigen
Noch prachtvoll zwischen dunkeln Wolken thront;
Er sammelt Kraft die Höhe zu ersteigen,
Dort hofft er seine Mühe bald belohnt.
Nun, spricht er zu sich selbst, nun muß sich zeigen,
Ob etwas Menschlichs in der Nähe wohnt!
Er steigt und horcht und ist wie neu geboren:
Ein Glockenklang erschallt in seinen Ohren.

Und wie er nun den Gipfel ganz erstiegen,
Sieht er ein nahes, sanft geschwungnes Tal.
Sein stilles Auge leuchtet von Vergnügen;
Denn vor dem Walde sieht er auf einmal
In grüner Au ein schön Gebäude liegen,
So eben trifft's der letzte Sonnenstrahl:

Er eilt durch Wiesen, die der Tau befeuchtet,
Dem Kloster zu, das ihm entgegen leuchtet.

Schon sieht er dicht sich vor dem stillen Orte,
Der seinen Geist mit Ruh und Hoffnung füllt,
Und auf dem Bogen der geschloßnen Pforte
Erblickt er ein geheimnisvolles Bild.
Er steht und sinnt und lispelt leise Worte
Der Andacht, die in seinem Herzen quillt,
Er steht und sinnt, was hat das zu bedeuten?
Die Sonne sinkt und es verklingt das Läuten!
Das Zeichen sieht er prächtig aufgerichtet,
Das aller Welt zu Trost und Hoffnung steht,
Zu dem viel tausend Geister sich verpflichtet,
Zu dem viel tausend Herzen warm gefleht,
Das die Gewalt des bittern Tods vernichtet,
Das in so mancher Siegesfahne weht:
Ein Labequell durchdringt die matten Glieder,
Er sieht das Kreuz, und schlägt die Augen nieder.

Er fühlet neu, was dort für Heil entsprungen,
Den Glauben fühlt er einer halben Welt;
Doch von ganz neuem Sinn wird er durchdrungen,
Wie sich das Bild ihm hier vor Augen stellt:
Es steht das Kreuz mit Rosen dicht umschlungen.
Wer hat dem Kreuze Rosen zugesellt?
Es schwillt der Kranz, um recht von allen Seiten
Das schroffe Holz mit Weichheit zu begleiten.

Und leichte Silber-Himmelswolken schweben,
Mit Kreuz und Rosen sich empor zu schwingen,
Und aus der Mitte quillt ein heilig Leben
Dreifacher Strahlen, die aus einem Punkte dringen;

Von keinen Worten ist das Bild umgeben,
Die dem Geheimnis Sinn und Klarheit bringen.
Im Dämmerschein, der immer tiefer grauet,
Steht er und sinnt und fühlet sich erbauet.

Er klopft zuletzt, als schon die hohen Sterne
Ihr helles Auge zu ihm nieder wenden.
Das Tor geht auf und man empfängt ihn gerne
Mit offnen Armen, mit bereiten Händen.
Er sagt, woher er sei, von welcher Ferne
Ihn die Befehle höhrer Wesen senden.
Man horcht und staunt. Wie man den Unbekannten
Als Gast geehrt, ehrt man nun den Gesandten.
(...)
So müd er ist, wünscht er noch fort zu wachen,
Denn kräftig reizt ihn manch und manches Bild:
Hier sieht er einen feuerfarbnen Drachen,
Der seinen Durst in wilden Flammen stillt;
Hier einen Arm in eines Bären Rachen,
Von dem das Blut in heißen Strömen quillt;
Die beiden Schilder hingen, gleicher Weite,
Beim Rosenkreuz zur recht' und linken Seite.

Wohin er auch die Blicke kehrt und wendet,
Je mehr erstaunt er über Kunst und Pracht,
Mit Vorsatz scheint der Reichtum hier verschwendet,
Es scheint, als habe sich nur alles selbst gemacht.
Soll er sich wundern, daß das Werk vollendet?
Soll er sich wundern, daß es so erdacht?
Ihn dünkt, als fang er erst, mit himmlischem Entzücken,
Zu leben an in diesen Augenblicken.

Du kommst hierher auf wunderbaren Pfaden,
Spricht ihn der Alte wieder freundlich an;
Laß diese Bilder dich zu bleiben laden,
Bis du erfährst, was mancher Held getan;
Was hier verborgen, ist nicht zu erraten,
Man zeige denn es dir vertraulich an;
Du ahnest wohl, wie manches hier gelitten
Gelebt, verloren ward, und was erstritten.

Doch glaube nicht, daß nur von alten Zeiten,
Der Greis erzählt, hier geht noch manches vor;
Das, was du siehst, will mehr und mehr bedeuten;
Ein Teppich deckt es bald und bald ein Flor.
Beliebt es dir, so magst du dich bereiten:
Du kamst, o Freund, nur erst durchs erste Tor;
Im Vorhof bist du freundlich aufgenommen,
Und scheinst mir wert ins Innerste zu kommen.

Nach kurzem Schlaf in einer stillen Zelle
Weckt unsern Freund ein dumpfer Glockenton.
Er rafft sich auf mit unverdroßner Schnelle,
Dem Ruf der Andacht folgt der Himmelssohn.
Geschwind bekleidet eilt er nach der Schwelle,
Es eilt sein Herz voraus zur Kirche schon,
Gehorsam, ruhig, durch Gebet beflügelt;
Er klinkt am Schloß, und findet es verriegelt.

Und wie er horcht, so wird in gleichen Zeiten
Dreimal ein Schlag auf hohles Erz erneut,
Nicht Schlag der Uhr und auch nicht Glockenläuten,
Ein Flötenton mischt sich von Zeit zu Zeit;
Der Schall, der seltsam ist und schwer zu deuten,
Bewegt sich so, daß er das Herz erfreut,

Einladend ernst, als wenn sich mit Gesängen
Zufriedne Paare durcheinander schlängen.

Er eilt ans Fenster, dort vielleicht zu schauen,
Was ihn verwirrt und wunderbar ergreift;
Er sieht den Tag im fernen Osten grauen,
Den Horizont mit leichtem Duft gestreift,
Und — soll er wirklich seinen Augen trauen? —
Ein seltsam Licht, das durch den Garten schweift:
Drei Jünglinge mit Fackeln in den Händen
Sieht er sich eilend durch die Gänge wenden.

Er sieht genau die weißen Kleider glänzen,
Die ihnen knapp und wohl am Leibe stehn,
Ihr lockig Haupt kann er mit Blumenkränzen,
Mit Rosen ihren Gurt umwunden sehn;
Es scheint, als kämen sie von nächtgen Tänzen,
Von froher Mühe recht erquickt und schön.
Sie eilen nun und löschen, wie die Sterne,
Die Fackeln aus, und schwinden in die Ferne...

— Johann Wolfgang von Goethe —

Geleit zur Neuauflage des Jahres 2008

Unter dem Titel dieses Buches veröffentlichte der Autor eine Schrift im Rahmen der von ihm 1980 im Aurum Verlag Freiburg herausgegebenen Reihe »Fermenta cognitionis«. Im Sinne der von dem Münchener Philosophen Franz von Baader (1765 - 1841) ausgegebenen Devise ging es ihm um nichts weniger als um *fermenta cognitionis*, das heißt um einen Hinweis auf Antriebskräfte, die den individuellen Erkenntnisprozess anregen und befördern sollen. Solche Fermente, wie sie den Werken zahlreicher Schriftsteller zu entnehmen sind, stehen in großem Umfang nicht allein in Gestalt von historischen Dokumenten zur Verfügung. Auf dem Wege der Forschung und der spirituellen Aneignung geht es darüber hinaus um einen Prozess, der noch nicht zum Stillstand gekommen ist, sondern der vielmehr auch heute voranschreitet. Menschen unterschiedlicher weltanschaulicher Orientierung haben daran teil, in der westlichen wie in der östlichen Hemisphäre Groß ist die Sehnsucht nach spiritueller Verwirklichung; groß auch das Verlangen, sich mit Bestrebungen in Geschichte und Gegenwart bekannt zu machen, die je auf ihre Weise darüber informieren. Insofern kann von einer Globalisierung eigener Prägung gesprochen werden. Deutlich wird dies im geistigen Austausch und in der Begegnung der in vielfacher Form im geistigen Streben Vereinten.

Nun liegt es in der Natur von Publikationen dieser Art, dass das einst in einem bestimmten Zusammenhang Dargestellte nach geraumer Zeit neu gefasst und entsprechend angereichert zu werden verdient. Eben das ist in der vorliegenden Schrift geschehen. Die Intention aber ist dieselbe geblieben. Denn beabsichtigt ist eine voranbringende Fermentwirkung, die das eigene Denken und das individuelle geistige Streben inspiriert. Leitbilder und ideelle Gründergestalten können hierzu je auf ihre Weise Wesentliches beitragen. Von sekundärer Bedeutung bleibt, ob es sich um historisch nachweisbare Personen handelt oder um Ideen, die in verschiedenen Zusammenhängen und Bezeichnung aufzufinden sind. Sehr viel wirksamer und nachhaltiger erweisen sich oft jene Figuren, denen eine urbildhafte, eben eine archetypische und transpersonale Sinnhaftigkeit eignet.

Beabsichtigt ist mit dieser Schrift eine voranbringende Fermentwirkung, die das eigene Denken und das individuelle geistige Streben inspiriert.

Im Zeichen des im 17. Jahrhundert, das heißt von dem in einem entscheidenden geistesgeschichtlichen Augenblick imaginierten Christianus Rosenkreuz, wurden Impulse freigesetzt, welche die christlich-abendländische Spiritualität befruchtet haben, der sie selbst entstammen. Wer nicht bei einer nur vordergründigen Betrachtung geschichtlicher Ereignisse verharrt, wird einräumen, dass das geistig-religiöse Leben nach wie vor derartiger Anstöße bedarf. In diesem Sinn wird dieses Buch »Christian Rosenkreuz« wieder neu vorgelegt. Man wird sich freilich davor zu hüten haben, die betreffenden Symbolgestalten, so auch das Wesen des Rosenkreuzerischen ideologisch zu verfremden oder konfessionalistisch zu vereinnahmen. Vielmehr gilt es auch in diesem Zusammenhang jenes Dichterwort zu beherzigen, das am Eingang von Goethes Rosenkreuzer-Fragment »Die Geheimnisse« steht:

*Wir wollen doch, wenn wir genug geklommen,
zur rechten Zeit dem Ziele näher kommen.*

Gerhard Wehr,
Schwarzenbruck bei Nürnberg, Ostern 2008

Annäherung an ein Urbild

Ein gewaltiger Archetypus beherrscht Menschen und Mächte, seitdem die Menschheit begonnen hat, diesen Planeten zu bevölkern und seitdem der Versuch einer zielgerichteten Weltgestaltung unternommen wird. Das Gemeinte lässt sich auf vielfältige Weise veranschaulichen. Hierfür einige Bespiele:

Da ist das aus traumhaften Tiefen in das Licht des klaren Bewusstseins emporsteigende Urbild vom idealen Menschsein, von einer in Freiheit, Gleichheit und Brüderlichkeit lebenden Gesellschaft. Wieder und wieder wird vom Anbruch eines neuen Zeitalters gesprochen. Die frühe Christenheit verkündete den neuen Äon, der mit der Menschwerdung Christi in Erscheinung getreten sei und dessen Parusie (Wiederkehr) in neuer Seinsweise, dessen letzte Erfüllung noch bevorstehe. Seitdem machten sich Berufene und nicht wenige Unberufene diese Parole zu eigen, wenn sie ein *New Age* propagierten, aber darunter oft auch all das subsummierten, was dem jeweiligen Publikumsgeschmack entspricht: »Ach, der Menge gefällt, was auf den Marktplatz taugt!« (Hölderlin).

Und im Gang der sogenannten Globalisierung auf allen Gebieten gibt es immer wieder den großen Traum, der von menschlichen Sehnsüchten aller Art genährt wird. Man denke nur an die Träume, die dem *Prinzip Hoffnung* folgen. In der Regel müssen sie sich gegen die Realitäten der tödlichen Bedrohung jeglicher Art behaupten. Vor allem in Krisenzeiten, in Zeiten spannungsvoller Auseinandersetzungen und des Umbruchs pflegt sich jener Archetypus zu regen: bald als kühne Staatsutopie, bald als eine Kunde von einer gestaltbaren besseren Welt, bald als Ausdruck der Hoffnung auf eine umfassende Reformation oder – unter anderem Aspekt – als eine Revolution, deren Träger vor letzten Konsequenzen nicht zurückschrecken. An Beispielen mangelt es nicht. Und man vergesse nicht: Seit den Tagen Jesu ruft und betet die Christenheit – im Grunde ist es ein uraltes Menschheitsgebet –: Dein Reich komme!

Die Botschafter des Kommenden, Neuen sprechen von dem, was sie bewegt, oft in einer von Symbolen gesättigten Sprache. Letztlich geschieht es deshalb, weil sich durch Bild und Symbol, anders als durch das begriffliche Definieren[1], etwas von der Tiefendimension des Gemeinten andeuten lässt. Die sensibilisierten Empfänger – Frauen wie Männer! – einer solchen Botschaft richten ihren Blick auf das sich Ankündigende. Sie sind fasziniert. Sie lassen sich für das entflammen, was der äußeren Wahrnehmung zunächst noch verborgen ist. Der Widerhall, den eine solche Idee oder Utopie[2] bei den jeweiligen Zeitgenossen findet, zeigt an, wie groß die Bereitschaft sein kann, ein Symbol zu realisieren oder eine Utopie in konkreter Gestalt auszuformen: »Das Reich muss uns doch bleiben!«

> *Die Botschafter des Kommenden, Neuen sprechen von dem, was sie bewegt, oft in einer von Symbolen gesättigten Sprache.*

Nun ist das *Rosenkreuz* ein solches Symbol, das zugrunde liegende Potential ein Archetypus. Dieses Doppelsymbol gleicht als Sinnbild einem Gefäß, das ein kostbares Kleinod birgt. Denn Kreuz und Rose, ebenso die aus einem dunklen Kreuzesholz entsprossene weiße oder rote Rose, symbolisieren ein Herzstück christlich-abendländischer Esoterik. Es versinnbildlicht das dem Tod und der Sterblichkeit abgerungene neue Leben. Der vom Geist der Mystik angerührte Angelus

Silesius Johann Scheffler fügte seinem »Cherubinischen Wandersmann« die Verse ein:

> *Ich glaube keinen Tod, sterb ich gleich alle Stunden,*
> *so hab ich jedes Mal ein besser Leben funden.*

Keine Frage, eine dem physisch-biologischen Bereich verhaftete Lebensverlängerung kann nicht gemeint sein. Der Symbolcharakter von Kreuz und Rose besteht gerade darin, dass diese Verbindung auf eine große Metamorphose, auf eine grundlegende Gestaltwandlung hinweiset. Gemeint ist letztlich das Mysterium von Tod und Auferstehung, von Zeitlichkeit und Ewigkeit. Und hierin liegt in der Tat das Lebensgeheimnis und die Lebensmacht des Christus Jesus beschlossen, wie es in den Evangelien, speziell im Johannesevangelium, dargestellt ist: Ich bin die Auferstehung und das Leben. (Joh. 11,25)

> ***Kreuz und Rose symbolisieren ein Herzstück christlich-abendländischer Esoterik.***

Von daher stellt sich dann auch die Frage: Worin besteht eigentlich die Besonderheit des Rosenkreuzerischen? Sie besteht wesentlich darin, dass sie sich nicht in der menschlichen Innerlichkeit erschöpft. Mit anderen Worten: Es handelt sich nicht allein um den mystischen Aspekt als den nach innen gerichteten Blick geistig-religiöser Erfahrung. Vielmehr ist im Besonderen auch der Umkreis mitgemeint, Natur und Erde, der Kosmos in seiner Totalität. Das Irdisch-Konkrete ist in rosenkreuzerischer Gesinnung mit einbezogen. Die alchymistische Ikonographie spricht daher von der Zusammengehörigkeit der beiden Bereiche. Es wird zum einen durch das *Oratorium* als dem Ort des Gebets und der Meditation dargestellt, zum anderen durch das *Laboratorium*, das heißt

Das Oratorium und das Laboratorium im Tempel der Weisheit zu pflegen, darin sieht der Alchymist seine besondere Kunst. (Heinrich Kunrath, Amphitheatrum sapientiae aeternae, Rosenkreuzertraktat 1609)

durch die Arbeit, wie sie im Umgang mit den Stoffen und Potenzen der Natur Gestalt gewinnt.

Wenn von der Alchymie als einer spirituellen Disziplin die Rede ist, dann sind der Ausgangspunkt und die Betrachtungsart andere, als man sie von der neuzeitlichen Naturwissenschaft her kennt. Nicht der analysierende, nicht der rechnende, statistisch erfassende Verstand wird allein betätigt. Nicht ausschließlich messbare, manipulierbare Quantitäten kommen auf diese Weise in den Blick, sondern geistig-physische, vom schöpferischen Geist durchdrungene *Qualitäten*. Goethe hat es beispielsweise des »Gottes lebendiges Kleid« genannt. Und von Jakob Böhme her kennen wir die Naturerscheinungen als »das ausgesprochene Wort Gottes«. (Theosophia)

Gemeint ist letztlich das Mysterium von Tod und Auferstehung, von Zeitlichkeit und Ewigkeit.

Hier geht es demnach um jenen Aspekt der Christus-Tatsache, die die Fülle des Kosmos nicht ausschließt, sondern einbezieht. Zur mystischen Tatsache des Christentums tritt die chymische Tatsache – falls man sie einmal so nennen will – hinzu. Daraus ergibt sich eine neue »tiefenökologische« Einstellung zum Wesen des Lebendigen. Sie schlägt sich ihrerseits nieder in der Verantwortung für alles Irdische. »Die Heiligen von heute müssen die Erde lieb haben« (Michael Bauer). Unter einem etwas anderem Blickwinkel betrachtet, erwächst daraus schließlich jene Ethik, die Albert Schweitzer praktizierte, indem er sagte: »Ich bin Leben, das leben will, inmitten von Leben, das Leben will.« Es wäre allerdings ungenügend, das Rosenkreuzerische in der Nähe einer profanen Naturliebe zu belassen, denn das Wesentliche der Synthese von Rose und Kreuz greift weit über das

Sichtbare hinaus, wie dies in folgendem Zitat deutlich wird:

Wie die Erde nichts ist ohne die Sonne, so ist der Mensch nichts ohne das Göttliche. Das Göttliche wächst nicht von unten hinauf, es strahlt von oben herein; es kommt als Besuch wie die Muse, es kommt als Geschenk, als Hilfe, Begnadung und Segnung. Während uns der Wille von unten stolz und trotzig macht in unserem Wachstumsdrang, macht uns der Empfang des Göttlichen demütig und der Hingabe fähig. Unten sind wir mehr dem Tier verwandt, oben mehr der Pflanze.

Die Pflanze öffnet ihren Kelch und lässt sich besonnen - wir öffnen unser Herz und lassen uns begotten. Versäume keines von beiden, O Bruder Mensch! Übe den Willen, der Erde treu. Und übe dich im Empfangen des Göttlichen, aufgeschlossen für den Himmel und seine Sendboten.

Die Dinge der Erde sind erklärbar, man kann sie mit den Mitteln der Wissenschaft untersuchen und zerlegen. Das Geheimnis des Geistes ist nicht erklärbar. Man kann Geist nur empfangen und von oben herab nach unten übertragen.

Der Pfingstgeist wird von oben ausgegossen und nicht in Blumenvasen gezüchtet. Er ist höchstens der Elektrizität vergleichbar, deren Wirkungen man kennt, deren Letztes aber unerklärlich bleibt. Und gern vergleichen wir den Geist auch mit dem Licht.

Friedrich Lienhard, 1925

Das Rosenkreuz ist die eine Seite des Symbols, von dem hier die Rede sein soll. Es ist dessen objekthaft-materielle Ausdrucksform. Die andere Seite trägt personale Züge, nämlich in der Gestalt des *Christian Rosenkreuz,* wie sie sich als eine übergeschichtlich-archetypische Wesenheit verstehen lässt. Das will noch näher bedacht werden:

Symbole, sinntragende und wirkkräftige Zeichen, werden empfangen und geboren. Sie haben ihre Zeit. Es kommt auch vor, dass sie eines Tages absterben oder zumindest eine Zeit lang an geistiger Lebendigkeit verlieren. Dann bedürfen sie einer Revitalisierung. Das ist das Schicksal der Mythen, auch der religiösen Symbole, wenngleich das jeweils zugrunde liegende spirituelle Potential fortbesteht, indem es einen Gestaltwandel erfährt. Die Geschichte der Religionen, auch und gerade die des Christentums, zeigt, zu welchen Erscheinungen des Niedergangs und der Reformbedürftigkeit es immer wieder kommen musste, um etwa ein vernachlässigtes Geistesgut von neuem zugänglich zu machen. Entsprechende Phänomene sind in jeder Zeit zu beobachten.

Auf der anderen Seite sind die Bedürftigkeit und das Verlangen nach religiöser Erneuerung groß, während traditionelle Institutionen (Kirchen, Gesellschaften, Vereinigungen udgl.) nicht nur über Mitgliederschwund klagen, sondern eingestehen müssen, welcher Substanzverlust in ihrer Mitte eingetreten ist, der durch sogenannte »neue Wege« der Anpassung an den Zeitgeschmack nicht wett zu machen ist. Bisweilen stellen Restaurationsbestrebungen aller Art ein Indiz für die eingetretene Krise dar. Und gerade in solchen Augenblicken schlägt die Stunde derer, die sich in kleinen Kreisen zusammenfinden, um nach dem Einen, das not tut, zu fragen, um sich um einen spirituellen Meister zu scharen oder bestimmte Symbole in die Mitte ihrer Meditationen oder ihrer rituellen

> *Pfingstgeist wird von oben ausgegossen und nicht in Blumenvasen gezüchtet.*

Vollzüge zu stellen. Das Bild des Rosenkreuzes und die Gestalt des Christian Rosenkreuz verkörpern einen solchen Symbolzusammenhang.

Aber wer ist Christian Rosenkreuz? – In den Annalen der Religions- und Geistesgeschichte sucht man seinen Namen vergebens. Keine Chronik und kein historisches Dokument liefert verwertbare Zeugnisse, die seine Existenz als historisches Faktum belegen. Sollte es sich etwa nur um eine Fiktion handeln, sollte es *nur* einer Traumvorstellung entsprechen? Sollte es sich *nur* um eine mythische Gestalt, ein Märchen handeln, das *einmal war*? Hier muss weitergefragt werden.

Hängt die Bedeutsamkeit und die Wirkkraft eines Impulses etwa einzig von dem ab, was »zufälligen Geschichtswahrheiten« (im Sinne Lessings) zuzurechnen ist? Muss eine Geistgestalt immer auch an einem genau fixierbaren Ort und in einem kalendarisch datierten Zeitpunkt gebunden sein? Bei allem Wert, den die historisch-kritische Forschung zu leisten vermag, auf dem Feld der Spiritualität bewegt sie sich naturgemäß immer nur im *Vor*feld. Sie bleibt buchstäblich *pro-fan*. Das heißt: Angesichts des *fanum*, nämlich des *heiligen Ortes*, an dem sich das Mysterium ereignet, endet jede historische Nachforschung. Sie bleibt unerheblich. Das gilt auch für den Versuch, eine Geistgestalt wie jene des Christian Rosenkreuz nachträglich historisch verorten zu wollen, um ihr Realitätscharakter zu verleihen. Den hat eine derartige Wesenheit freilich nicht nötig!

Indes wissen wir von ungezählten Empfängern innerer Erfahrung – und soviel sollten wir bei entsprechender Nüchternheit aus eigener Geistes-Gegenwart wissen: Geistiges Schauen, der Empfang eines großen Traumes, das Aufleuchten einer selbsterrungenen Erkenntnis und das Geschenk eines schöpferischen Tuns, sie sind letztlich *geistunmittelbar.* Ein solches Erleben und Erfahren hängt nicht von äußeren, leichthin datierbaren Umständen ab. Der Bezirk der leicht gesagten Worte ist zu verlassen. Der Geist weht, wo und wie er will! Dies geschieht auch und gerade in Zeiten heutiger Geistvergessenheit! Dies wird man sich je auf individuelle Weise *klarmachen* müssen, wenn man sich einer symbolhaft-urbildlichen Gestalt zu nähern versucht. *Christian Rosenkreuz* ist eine solche Gestalt. Wer sie daher – selbst in bester Absicht – mit einer historischen Persönlichkeit identifizieren möchte, der reduziert sie. Er verfehlt gerade das Wesenhafte, für das sie transparent ist.[3]

> *Angesichts des fanum, nämlich des heiligen Ortes, an dem sich das Mysterium ereignet, endet jede historische Nachforschung. Sie bleibt buchstäblich pro-fan.*

Wir meinen daher nicht ein künstlich rekonstruierbares Persönlichkeitsbild von einem etwa dann und wann »reinkarnierten« Menschen, wenn wir von Rosenkreuz (R.C.[4]) sprechen. Wir meinen vielmehr das *Fermentum cognitionis*, die spirituelle Antriebskraft, die unter dem bekannten Bild und Zeichen wirksam geworden ist. Und *dass* eine Wirkung davon ausgegangen ist, deren Faszinationskraft bis heute anhält, dafür liefert die neuere Geistesgeschichte Beispiele genug. Doch wenden wir uns zunächst der Zeit und dem Menschenkreis zu, die ihr eigenes Sehnen und Hoffen auf das viel genannte Symbol gerichtet haben.

Die Lilie und die Rose mit ihren Farben weiß und rot stehen seit alters her für die Dualität der Seele. Unschuldig und rein ist die Seele im Symbol der Lilie, stark und mit Geist erfüllt wird sie zur erblühten Rose.

Generalreformation
im Zeichen von Lilie und Rose

»Reformatio generalis«, Generalreformation der ganzen Welt! So lautet die Parole, die an der Wende vom 16. zum 17. Jahrhundert vielerorts ausgegeben wird. In Zeiten absoluter Herrschaftsstrukturen will man naturgemäß von Neuerungen nichts wissen. Die Veränderungen, die man erhofft, muss man schon deshalb in das Gewand des Märchens oder der Satire kleiden, als nähme man das Geträumte selbst nicht besonders ernst. So mag es dem italienischen Schriftsteller Trajano Boccalini (1556 - 1613) ergangen sein, als er 1612, also kurz vor seinem Tod, seine Nachrichten vom Parnaß (Ragguagli di Parnasso) niederschrieb, eine Satire, in der er sich als »extrem habsburgfeindlicher italienischer Liberaler«[5] gegen die Bevormundung der römischen Kurie durch die Spanier wandte. Wohl aus diesem Grund musste er in der ihm sicher scheinenden Republik Venedig Zuflucht suchen. Und was die von ihm gemeinte Reform anging, so erschien sie ihm freilich unmöglich; ja, er zog sie sogar ins Lächerliche!

Zu denken ist an die an inneren und äußeren Spannungen reiche Zeit vor dem Dreißigjährigen Krieg (1618- 1648). Martin Luther ist gerade ein halbes Jahrhundert tot. Die Wittenberger Reformation mit ihrer Botschaft von der Rechtfertigung des Gottlosen – *sola gratia, sola fide*, allein aus Gnaden, allein durch den Glauben – hat sich in erster Linie auf dem religiös-theologischen Feld abgespielt, wenngleich auch stets die politisch-gesellschaftliche, wie die wirtschaftliche Dimension eine erhebliche Rolle mitspielte. Luthers reformatorisches Formalprinzip – sola scriptura, allein die Schrift – hat die Sache des

31

mit dem allgemeinen Priestertum aller Gläubigen betrauten Volkes immer mehr zu einer speziellen Theologenangelegenheit gemacht. Die obrigkeitlich gelenkte protestantische Pastorenkirche entstand. Politisch-gesellschaftliche Konsequenzen aus der reformatorischen Erkenntnis zu ziehen, wie sie beispielsweise Thomas Müntzer angesichts der Bauernaufstände von 1524/25 im Sinne hatte, wurde von den Lutherischen wie von den als Papisten geschmähten Altgläubigen als frevlerischer Angriff auf die von Gott verordnete Obrigkeit empfunden und entsprechend geahndet. Der Bauernkrieg forderte einen erheblichen Blutzoll. Wer es gar wagte, vom *inneren Wort* Zeugnis abzulegen, den brandmarkte man als Schwarmgeist; den verfolgte und verleumdete man. Da machten die Reformatorischen keine Ausnahme!

Nun tobte sich in der zweiten und dritten nachlutherischen Generation die »Wut der Theologen«, *rabies theologorum*, in Disputationen, in Streit- und sogenannten Bekenntnisschriften aus. Da heißt es nicht nur: »Wir glauben, lehren und bekennen«, da heißt es auch: »Daher verdammen wir (...).« Der Streit um die *reine Lehre* in der Epoche der nachlutherischen Orthodoxie beschränkt sich jedoch keineswegs auf die Seminare und Hörsäle der hohen Schulen. Bis in Predigt und Verkündigung hinein setzt er sich fort, als habe man es darauf abgesehen, die gemeinschaftsbildende Kraft des Evangeliums mit dem Spaltpilz der Zwietracht zu infizieren. Bezeichnenderweise lebt sich diese Gegensätzlichkeit nicht allein zwischen Wittenberg und Rom aus, sondern auch zwischen der Luther-Stadt und dem Zürich Zwinglis oder dem reformatierten Gottesstaat Johannes Calvins in Genf. Protestanten verdächtigen sich gegenseitig und versagen einander den gemeinsamen Abendmahlsbesuch zwischen Lutheranern und Reformierten.

Während die Vertreter der verschiedenen konfessionalistischen Fronten um 1600 bald um dogmatische Formulierungen, bald um Territorien und Einflusssphären feilschen, ist längst ein neues Zeitalter angebrochen. Eine neue Wissenschaftsgesinnung setzt sich gegen die Philosophie des mittelalterlichen Aristotelismus der alten Kirche durch. *De revolutionibus orbium caelestium* – Von den Umwälzungen am Himmel – hatte Nikolaus Kopernikus (1473 - 1543) seine programmatische Schrift genannt, mit der das geozentrische Weltbild durch das heliozentrische ersetzt werden konnte. Das in einem sehr wörtlichen Sinne Revolutionäre kann nun am Lauf der Gestirne abgelesen werden. Durch die Verbindung von Mathematik und naturwissenschaftlicher Beobachtung lassen sich die Sentenzen und Meinungen der Alten durch konkrete Erfahrungen verdrängen. Durch Empirie wird das bloße Buchwissen verdrängt.

> *Wer es gar wagte, vom inneren Wort Zeugnis abzulegen, den brandmarkte man als Schwarmgeist; den verfolgte und verleumdete man.*

Diese Wende markiert bereits Theophrastus Bombastus von Hohenheim, bekannt als Paracelsus (1493 - 1541). Er betont: »So wisset nun (...), dass die Bücher, so an euch und an mich von den Alten her gelangt sind, mich genugsam zu sein nicht gedeucht haben, denn sie sind nicht vollkommen, sondern sie stellen eher eine ungewisse (d.h. unzuverlässige) Schrift dar, die mehr zur Verführung dient als zum Beschreiten des rechten (zuverlässigen) Wegs. Aus dem gleichen Grund habe ich sie verlassen.«

Mit der Entwicklung der modernen Naturwissenschaft geht die Entwicklung und fortschreitende Präzisierung der dafür erforderlichen technischen Apparaturen Hand in Hand, zum

Beispiel die Herstellung von Teleskopen (bald nach 1600). René Descartes (1596 - 1650) liefert später die philosophische Methode für die neue Denkrichtung, die die Tore zur Aufklärung aufstoßen hilft. Mit der Formel *Cogito ergo sum*, ich denke, also bin ich, wird der Zweifel zum Ansatzpunkt für das kritische Denken und Forschen erklärt. Damit lässt sich jenes imposante Bild von Mensch und Welt entwerfen, in dem Maß, Zahl und Gewicht die entscheidenden Kriterien für die Beurteilung von Wirklichkeit – genauer: von der materiellen Seite der Wirklichkeit – darstellen. Aber reichen diese Kriterien schon aus, um die *ganze* Wirklichkeit in den Blick zu bekommen? Geht mit dem Gewinn an äußerer, naturwissenschaftlich und kritisch-rational erfassbarer Realität nicht gleichzeitig ein Verlust der inneren Dimension einher?

Immerhin ist eines festzuhalten: Am Gegen-Stand der Welt erwacht der Mensch mehr und mehr zu sich selbst. Das ist das große Ereignis der Epoche. Denn er tritt nach und nach aus den Bindungen alter Ordnung heraus und erlebt sich als ein autonomes Ich. Dies ereignet sich im Gang eines Prozesses, der sich im Zeitalter der Renaissance ankündigte und dem der Humanismus seinen Namen gab.

Geht mit dem Gewinn an naturwissenschaftlich und kritisch-rational erfassbarer Realität nicht gleichzeitig ein Verlust der inneren Dimension einher?

Anders ausgedrückt: »Gott als moralische, politische, naturwissenschaftliche Arbeitshypothese ist abgeschafft, überwunden. (...) Es gehört zur intellektuellen Redlichkeit, diese Arbeithypothese fallen zu lassen beziehungsweise sie als so weitgehend wie irgend möglich auszuschalten« – so könnte man mit Dietrich Bonhoeffer (1906 - 1945) fortfahren.[6] Dass derlei Gedankengänge eines modernen protestantischen Theologen noch im Konzentrationslager des Dritten Reiches umtreiben können, zeigt, wie viel Zeit die Verarbeitung der zugrunde liegenden Tatbestände samt ihren Folgerungen beansprucht hat.

Halten wir fest: Der Mensch am Anfang des 17. Jahrhunderts und der Folgezeit erlebt den Übergang zweier Epochen. Dadurch ist seine besondere Bewusstseinslage geprägt. Dafür offen einzutreten ist aber gefährlich. Menschen – noch sind es Einzelne – die dieses Wandels inne geworden sind und die darauf aufmerksam machen, leben gefährlich. Ihnen droht die lebenslange Verfolgung, schlimmstenfalls der Feuertod. Den Exdominikaner Giordano Bruno (1548 - 1600), einer von vielen, holte dieses Schicksal ein, nämlich buchstäblich auf der Schwelle zum neuen Jahrhundert.[7]

Auf der einen Seite gelingen Schritt für Schritt die Eroberung und Erschließung der Außenwelt. Die naturwissenschaftliche Methode erweist sich als ein gangbarer Erkenntnisweg, jedenfalls soweit es sich um die *messbare* Seite der Natur handelt. Andererseits darf man aber nicht vergessen, dass auch die prominenten Vertreter der neuen Wissenschaftsrichtung geistig-seelisch noch dem Erbe der Väter und Mütter verhaftet sind. Der Protestant Johannes Kepler (1571 - 1630), bald auf der Flucht vor den gläubigen Katholiken, bald vor seinen eigenen Glaubensgenossen, treibt nicht ganz zufällig noch, immer noch, Astrologie, um sich seinen Lebensunterhalt zu verdienen. Oder soll man sagen: Die Erklärung der messbaren und berechenbaren Naturerscheinungen ist ihm im Grunde nur möglich, weil für ihn die *spirituell-qualitative* Realität eines Unwägbaren innerste Gewissheit geblieben ist? Wie bei vielen seiner Zeitgenossen

> ***Der Mensch am Anfang des 17. Jahrhunderts und der Folgezeit erlebt den Übergang zweier Epochen.***

Jakob Böhme (1575-1624), Schuster und Pansoph aus Görlitz, atmete in dem Geist rosenkreuzerischer Mystik und verdiente sich durch seine gnostisch geprägten Schriften den Namen Philosophus Teutonicus.

basiert auch sein naturwissenschaftliches Forschen auf einer tief religiösen Grundlage. Das kann er nicht verleugnen. In der Vorrede zu seinem Buch über die Harmonien des Weltalls liest man den Satz:

»Möchten doch diese Himmlischen Harmonien etwas dazu beitragen, auch die Harmonie in Kirche und Staat wieder herbeizuführen! Gott, der Arzt, schneidet jetzt und brennt, um den unglücklichen Kranken zu heilen. Aber dieser, noch irre redend im Fieberwahn, will seine wohlwollende Absicht nicht anerkennen. Möge doch die Eintracht, die in den Weltsystemen hervorleuchtet, uns zum Muster dienen, ebenso in Frieden und Einklang zu leben!«

Ein jedes Ding hat seinen Mund zur Offenbarung.

Demnach teilt Kepler die Überzeugung all derer, die davor zurückschrecken, Weltall, Erde und Mensch einzig und allein dem sezierenden Verstand der an Teleskopen und Mikroskopen arbeitenden Forscher auszuliefern. Sie, etwa auch die Alchymisten und Schüler des Paracelsus, haben in dem auf seiner Prager Burg residierenden Kaiser Rudolf II. einen verständnisvollen Förderer ihrer Künste gewonnen. Viele von ihnen, so den Schwaben Kepler, den Dänen Tycho Brahe oder den aus Rendsburg stammenden Alchymisten Michael Maier als seinen Leibarzt, nicht zuletzt den englischen Mathematiker und Hermetiker John Dee hat der Kaiser an seinen Hof zu ziehen gewusst. Für sie alle haben Natur und Wirklichkeit noch einen verborgenen Sinngehalt, der sich nur dem Esoteriker, das heißt demjenigen erschließt, der sein Augenmerk auf das Spirituelle, die innere Dimension der Wirklichkeit richtet. Sie, die Menschen, die auf die Innenseite des Seienden achthaben, pflegen eine Welterkenntnis, die über das Rationale hinausgeht, ohne diesen Bereich von vornherein gering zu schätzen, etwa analog zu dem anschauenden Denker Goethe, der sich der Devise verschrieb:

> *Müsset im Naturbetrachten*
> *Immer eins wies andre achten.*
> *Nichts ist drinnen, nichts ist draußen,*
> *Denn was innen, das ist außen.*
> *So ergreifet ohne Säumnis:*
> *Heilig öffentlich Geheimnis.*

Und dieses Geheimnis liegt in der Tat offen vor aller Augen. Aber es bedarf der hierfür erforderlichen Sichtweise, um des Verborgenen gewahr zu werden. Oder: Wer, wie Paracelsus sagt, die *signatura rerum*, das jeweilige Symbol- und Merkzeichen der Dinge kennt, zu dem reden die Dinge in ihrer eigenen, unverwechselbaren Sprache. Will er wiederum davon Kunde geben, so muss er sich einer Ausdrucksweise bedienen, die in ihrer Symbolhaftigkeit, also nicht nur in ihrer vordergründigen Buchstäblichkeit ernst genommen wird. Heutige Leser blicken oft nur geringschätzig auf diese Elaborate einer »vorwissenschaftlichen« Epoche. Doch dadurch verfehlen sie notgedrungen jene besondere Erkenntnisqualität, die gemeint ist. Was jene Signaturen anbelangt, so heißt es beispielsweise in Jakob Böhmes gleichnamigen Buch *De signatura rerum* (1621/22):

»Und ist kein Ding in der Natur, das geschaffen oder geboren, es offenbaret seine innere Gestalt auch äußerlich, denn das Innerliche arbeitet stets zur Offenbarung, als wir solches an der Kraft und Gestaltnis dieser Welt erkennen, wie sich das ewige Wesen mit der Ausgebärung in der Begierde hat in einem Gleichnis offenbaret, wie es sich hat in so viel Formen und Gestaltnisse offenbaret, als wir solches an Sternen und Elementen, sowohl an den Kreaturen, auch Bäumen und Kräutern sehen und erkennen. (...) Ein jedes Ding hat seinen Mund zur Offenbarung. Und das ist die Natursprache, daraus jedes Ding aus seiner Eigenschaft redet und sich immer selber offenbaret und darstellet.«[8]

Einer zweiten oder »Generalreformation« haben sich zu Beginn des 17. Jahrhunderts vor allem jene verschrieben, die sich im Zeichen des Rosenkreuzes formierten, angeleitet von ihrem geistigen Inspirator Christian Rosenkreuz, wie er in den Grundschriften des Rosenkreuzertum vorgestellt wird, von denen noch zu berichten ist. Das geschah in einer bemerkenswerten Gleichzeitigkeit, als nämlich Jakob Böhme (1575 - 1624), der protestantische Mystiker und Theosoph, in seiner Görlitzer Schusterstube sein berühmtes Erstlingswerk »Aurora oder Morgenröte im Aufgang«[9] niederschrieb. Ihr liegt sein Initialerlebnis zugrunde, das ihn auf der Schwelle zum 17. Jahrhundert überraschte. Es geschah im selben Jahr 1600, in dem Giordano Bruno in Rom den Feuertod erlitt – zwei Fanale im selben Kairós!

Böhme verkündet im Zeichen einer aufblühenden Lilie; Andreae hat dem Kreuz als Zeichen des Heils die Rose zugesellt

Die rosenkreuzerischen Manifeste gehen indessen auf den jungen schwäbischen Theologen Johann Valentin Andreae (1586 - 1654) und seinen Tübinger Freundeskreis zurück.[10] Böhme begann seine Fragment gebliebene «Aurora« 1612; in den Jahren 1614 und 1616 liegen alle drei Rosenkreuzer-Schriften im Druck vor. Handschriftlich machte die »*Chymische Hochzeit Christiani Rosenkreuz*« schon einige Jahre zuvor die Runde.[11]

Was der kalabresische Seher-Abt Joachim von Fiore bereits im Hochmittelalter als den Anbruch des Reichs des Heiligen Geistes schauend vorwegnahm, das scheint sich in diesen Jahren tatsächlich anzubahnen, als eine Geistes- und Bewusstseinswende ihre Signatur in den Kosmos zeichnet: Zwischen 1604 und 1606 erregt ein Komet die Gemüter vieler. Apokalyptische Weissagungen sind im Umlauf. Hatten nicht auch schon die Astrologen des Reformationszeitalters für die zwanziger Jahre der Bauernkriegszeit allerlei spektakuläre Vorgänge angekündigt?

Jene, die selbst entsprechender Ahnungen oder Wahrnehmungen teilhaft sind, die sie im Kontext der Zeit deuten, wissen mit Jakob Böhme, dass eine neue »Morgenröte im Aufgang« aufleuchtet. Mit dem Schwaben Andreae träumen sie von einer Bruderschaft des Rosenkreuzes, die von einem weitgereisten »Vater Christian Rosenkreuz« angeführt werde.

Zweierlei Reformation, genauer: zweierlei Reformationserwartung unter zwei einander verwandten Symbolblumen: Böhme verkündet im Zeichen einer aufblühenden *Lilie*: »Eine Lilie blühet über Berg und Tal in allen Landen der Erden. Wer da suchet, der findet!«[12] Andreae hat dem Kreuz als Zeichen des Heils die *Rose* zugesellt. Auf dem Titelblatt der 1616 gedruckten *Chymischen Hochzeit* mahnt der Herausgeber in lateinischer Schrift: »Wirf die Perlen nicht vor die Säue und streue dem Esel keine Rosen!« Die Hüter eines Mysteriums wissen, weshalb sie eine strikte Arkandisziplin zu üben haben, gilt es doch das Unveräußerliche vor Unberufenen zu schützen! Und um Mysterienschriften, die einen behutsamen Umgang verlangen, handelt es sich bei denen von Böhme wie von Andreae.

*Die Ansicht von Christian Rosenkreuz, Vater-Bruder CRC,
ist das Symbol für die Bestimmung des Menschen, um als ein
lebender Nachfolger in der geistigen Kraft Christi zu stehen,
wie ein Christian RC, der das Mysterium des Lebens, des
Sterbens, der Auferstehung Christi in einem lebenden Rosen-
kreuzgang nachvollzieht.*

*Das Rosenkreuz, das lebendige Rosenkreuz ist die geistige
Widerspiegelung der Nachfolge Christi, die in ihrem Leben,
ihrem Sterben, ihrer Wiedergeburt zur lebenden Rosenkraft in
Christus gekommen sind. Das Kreuz ist daher das Symbol für
Leben und Auferstehung geworden, an welches die Rose der
Selbstaufopferung geheftet werden muss.*

*Joost R. Ritman, 1986
Bibliotheca Philosophica Hermetica, Amsterdam*

Druckermarke der ersten Ausgabe der Fama Fraternitatis von Wilhelm Wessel, Kassel 1614

Die Grundschriften des Rosenkreuzertums

Wenn Christian Rosenkreuz – wie eingangs ausgeführt – keine historische Persönlichkeit ist, faktisch vielmehr eine »Schöpfung Andreaes« (C. Gilly) ist, dann gilt es, den historischen Spuren bis dorthin zu folgen, wo sein Name erstmals auftaucht. Es ist zu fragen, welche Rolle Christian Rosenkreuz als Idealgestalt und als geistiger Impulsator spielt, ehe seine Bedeutung für die Folgezeit, namentlich für die neuzeitliche Esoterik, sichtbar werden kann. Es geht um die literarischen Quellen des Rosenkreuzertums. Auf sie berufen sich seit dem zweiten Jahrzehnt des 17. Jahrhunderts, etwa seit 1614, ungezählte Gruppierungen, ordensähnliche Verbindungen und Logen. Oft erheben Geheimgesellschaften den Anspruch, die eigentlichen, die echten Rosenkreuzer zu sein. Als solche wollen sie über Traditionen verfügen, die bis in die Frühzeit der Mysteriengeschichte zurückreichen. Derlei Ansprüche erheben diverse Logenverbindungen, fragt sich nur, worin der Aussagewert von Fall zu Fall besteht. Die Diskrepanz zwischen derlei Behauptungen und den historisch verifizierbaren Fakten könnte kaum größer sein. Dabei leisteten die ersten Manifeste selbst einer solchen Mythenbildung einen gewissen Vorschub. Die *Chymische Hochzeit* ihres Gründers C.R. datierten sie auf das Jahr 1459; er selbst sei bereits im Jahr 1378 geboren worden. Doch damit werden Angaben, die offensichtlich eine verschleierte Mitteilung machen wollen, scheinbar auf historische Fakten projiziert. Wie problematisch dies für jenen sein muss, der darin Historie und nicht Symbol erblickt, ergibt sich schon aus der Tatsache, dass es Bezüge in der äußeren Geschichte nicht gibt.

Doch nun zu den Schriften selbst: Im Jahr 1614 erscheint bei dem Drucker Wilhelm Wessel in Kassel das Buch »Allgemeine und Generalreformation der ganzen weiten Welt« eines anonymen Verfassers und daran anschließend der Text »Fama Fraternitatis des löblichen Ordens des Rosenkreuzes an alle Gelehrte und Häupter Europae«. Es ist die Verlautbarung von der angeblichen Existenz einer geistigen Bruderschaft, die sich ins Gespräch bringt. Bei dem erstgenannten Titel handelt es sich um die Übersetzung einer satirischen Schrift des oben bereits erwähnten Italieners Trajano Boccalini[13]. Er macht darin die ihm bis dahin bekannten Vorschläge zu einer Weltverbesserung geradezu lächerlich. Die gleichzeitige Veröffentlichung der beiden Schriften ist insofern erstaunlich, als besagte *Fama Fraternitatis* von der Überzeugung ausgeht, dass eine durch innere Erneuerung bewirkte Veränderung durchaus bedeutungsvoll ist. Welchen Sinn hat es demnach, so kann man fragen, dass beide in Spannung zueinander stehende Manifestationen in ein und demselben Buch zusammengebunden sind?[14]

Oft erheben Geheimgesellschaften den Anspruch, die eigentlichen, die echten Rosenkreuzer zu sein.

Ein Jahr später, 1615, folgt als zweites Manifest, die *Confessio Fraternitatis*. Was in der vorausgegangenen *Fama* wie in einer Vorankündigung publik gemacht worden ist, das wird nun ergänzt und näher erläutert. Es geschieht im Hinblick auf dieselbe Reformation – ein Jahrhundert nach der Reformation Martin Luthers! – die sich der »unsichtbare«, das heißt esoterische Orden der Rosenkreuzer, zum Ziel gesetzt hat.

Soviel ist klar: Beide Manifeste zielen auf das ab, das in dem deutschen Titel des Buches von Boccalini leitmotivartig zum

Ausdruck kommt, nämlich auf nichts weniger als auf die besagte Generalreformation. Auf der Hand liegt, dass die Parallelität zu der inzwischen europaweit wirksamen Wittenberger und Zürcher Reformation beabsichtigt ist. Dazu kommt eine nicht weniger offensichtliche Steigerung des Bisherigen: Ging es einst (um 1517) zunächst nur um eine Kritik an dem Fehlverhalten der katholischen Kirche, der freilich vielseitige Konsequenzen und Realisierungen gefolgt sind, so will das Reformanliegen der Rosenkreuzer die »ganze weite Welt« umspannen. Während der Verfasser der 95 Thesen zu seiner Zeit noch kaum etwas von einer umfassenden Reformation der Kirche weiß und eine solche zum Zeitpunkt des sogenannten Thesenanschlags noch nicht planen kann, tritt jener Christian Rosenkreuz der Manifeste als Begründer eines neuen Ordens um eben eines solchen weltumspannenden Auftrags willen an die Öffentlichkeit.

Ist es da ein Wunder, wenn die dritte, im Folgejahr 1616 bei Lazarus Zetzner in Straßburg erscheinende umfangreichere Schrift den Namen des Ordensgründers sogleich in den Titel hineinnimmt: *Chymische Hochzeit Christiani Rosenkreuz Anno 1459*. Damit liegen die drei maßgeblichen Grundschriften der Rosenkreuzerbewegung vor. Alle erscheinen sie anonym. Die Reaktion ist bemerkenswert. Die Texte sind gefragt und müssen bald mehrfach aufgelegt werden.

> **Das Rosenkreuzertum wird zu einem schillernden, kaum zu definierenden Phänomen. Und bis heute besteht Anlass, in dieser Bemühung fortzufahren.**

Diese Tatsache, verbunden mit der rätselhaften Thematik unterstreichen den geheimnisvollen Charakter des ganzen Unternehmens. Die außerordentliche Wirkung erfolgt in Spruch und Widerspruch! Denn alsbald melden sich Interessenten und auch Konkurrenten in großer Zahl. Auch

Kritiker bleiben nicht aus. Das Rosenkreuzertum wird zu einem schillernden, kaum zu definierenden Phänomen. Die Frage, wer C.R. eigentlich sei, ob es die Rosenkreuzer als Ordensgemeinschaft überhaupt gibt oder je gegeben hat, hat die historische Forschung lange Zeit beschäftigt. Und bis heute besteht Anlass, in dieser Bemühung fortzufahren. Davon später.

In diesem Zusammenhang ist zur *Chymischen Hochzeit* anzumerken, dass es sich hierbei zwar um das zeitlich zuletzt veröffentlichte der drei Bücher handelt. Doch, wie erwähnt, schon mehrere Jahre zuvor musste es handschriftlich existiert haben und in dieser Form kursiert sein. An dieser Stelle kommt nun der junge württembergische Theologe Johann Valentin Andreae, später ein theologisch angesehener, kirchlich-diakonisch rühriger und schriftstellerisch fruchtbarer Autor ins Spiel. In seiner Selbstbiographie heißt es hierzu:

»Schon in den Jahren 1602 und 1603 fing ich zur Übung meiner Talente an, Aufsätze zu verfassen. (...) Die *Chymische Hochzeit*, eine Posse voll abenteuerlicher Auftritte, erhielt sich. Zum Verwundern wurde sie von einigen geschätzt und durch feine Nachforschungen erklärt, da es ein unbedeutendes Werkchen ist und die unnützen Bemühungen der Neugierigen darstellt. (...) Diese waren das Vorspiel meiner Schreibereien, in denen ich mich des Vorrats, in meiner mannigfaltigen Lektüre gesammelt, entledigte«[15].

Sollte es sich wirklich nur um erste Fingerübungen eines noch nicht zwanzigjährigen, phantasiebegabten jungen Mannes handeln? Sollte es sich um nicht mehr als um einen Traum, eine Dichtung, ein Märchen handeln, das erst die Mit- und Nachwelt mit mysteriösem Tiefsinn befrachtete und somit überbewertet hat? Christian Rosenkreuz wäre demnach nichts anderes als die Ausgeburt dichterischer Phantasie. Und auf wen gehen die beiden anderen Texte zurück?

Nun ist man durch Textvergleich längst darauf gekommen, dass die drei rosenkreuzerischen Manifeste stilistische Ungleichheiten aufweisen. Und was die Form anlangt, so trägt die in einigen Versionen vorliegende *Chymische Hochzeit* in der Tat von Anfang an märchenhafte Züge. Sie heben sich »allerdings völlig ab von den ernsten und teilweise biblisch-pastoral anmutenden Aufrufen der *Fama* und *Confessio* an die Gelehrten und Häupter Europas.«[16]. Immerhin hat die sprachliche Untersuchung der drei Schriften ergeben, dass Andreae als Verfasser durchaus infrage kommt, auch wenn hinter ihm noch einige andere gleichgesinnte Persönlichkeiten seines unmittelbaren Umkreises ratend und anregend tätig geworden sein mögen. Zunächst ein Blick auf die Schriften als solche.

Chymische Hoch=
zeit:
Christiani Rosencreutz.
ANNO 1459.

Arcana publicata vilescunt; & gratiam prophanata amittunt.

Ergo: ne Margaritas obijce porcis, seu Asino substerne rosas.

Straßburg,
In Verlägung / Lazari Zetzners.

Anno M. DC. XVI.

Arcana publicata vilescunt,
et gratiam prophana amittunt.
Ergo: ne Margaritas obijce porcis,
seu Asino substerne rosas.

Offenbarte Geheimnisse sind wertlos;
und alle Anmut verliert das Entheiligte.
Also: wirf die Perlen nicht vor die Säue,
und du sollst dem Esel keine Rosen streuen!

(Titelblatt einer in Straßburg erschienenen Ausgabe der Chymischen Hochzeit des Christian Rosenkreuz, 1616)

I. Chymische Hochzeit Christiani Rosenkreuz

»An einem Abend vor dem Ostertag saß ich an einem Tisch. Ich hatte mich meiner Gewohnheit nach mit meinem Schöpfer in meinem demütigen Gebet genugsam ausgesprochen und vielen großen Geheimnissen, deren mich der Vater des Lichts, seine Majestät, nicht wenige hat sehen lassen, nachgedacht. Als ich mir nun meinem lieben Osterlämmlein ein ungesäuertes, unbeflecktes Küchlein in meinem Herzen zubereiten wollte, kommt mit einem Mal ein so grausamer Wind daher, dass ich nicht anders meinte, als dass der Berg, darein mein Häuslein gegraben ist, vor der großen Gewalt zerspringen müsste. Weil mir aber solches der Teufel, der mir manches Leid getan, nichts antat, fasste ich einen Mut und blieb in meiner Meditation, bis mich – wider meine Gewohnheit – jemand am Rücken berührte, davon ich dermaßen erschrocken, dass ich mich kaum umsehen traute. (...) Da war ein herrlich schönes Weibsbild, deren Kleid ganz blau und mit goldenen Sternen, wie der Himmel, zierlich besetzt gewesen«[17].

Mit dieser Schilderung leitet der Autor seine *Chymische Hochzeit* ein und stellt Christian Rosenkreuz als einen Geistsucher vor. Er ist ein Mann gereiften Alters, der als Einsiedler lebt. Der Bericht verweist auf die nach innen gekehrte meditative Haltung des frommen Mannes. Er sitzt »an einem Tisch vor dem Ostertag«. Durch diese Zeitangabe ist bereits auf das zentrale christliche Heilsgeschehen von Passion und Auferstehung Christi hingedeutet, von dem alles Folgende seinen Ausgang und Anfang nimmt. Auch die Darbringung eines

»meinem Osterlämmlein ungesäuerten unbeflecktes Küchleins«[18] will offensichtlich nicht als ein äußerer Vollzug verstanden werden; es geschieht »in meinem Herzen«. *Hier* ereignet sich das, wovon von da an die Rede ist. Es fehlt nicht an einem »grausamen Wind«, Ausdruck einer starken emotionalen oder gar von der Widersachermacht entfesselten Bewegung. Alles in allem ist die Ebene des Alltagsbewusstseins verlassen. Ein Tableau von inneren Bildern (Imaginationen) und auch von innerseelischen Gehörwahrnehmungen (Inspirationen) breitet sich vor dem Leser aus. Es handelt sich zugleich um die Einleitung zu einem auf »sieben Tage« verteilten Erleben. Da liegt es nahe, von einem Mysteriendrama in sieben Akten zu sprechen.

Ein Tableau von inneren Bildern breitet sich vor dem Leser aus.

Der Hauptakteur berichtet von dem, was ihm widerfahren ist. Man kann Alfons Rosenberg zustimmen, der sich eingehend mit der in dieser Schrift dargestellten Spiritualität beschäftigt hat, zählte sie zu den »Dokumenten religiöser Erfahrung«, die er in der von ihm betreuten gleichnamigen Buchreihe herausgab.[19] Dort schreibt er:

»Ein tief Ergriffener, ein unter der Gewalt der Vision Seufzender hat diesen ›großen Traum‹ seiner Sehnsucht und Begierde, seines Strebens und seiner Unreinheit erschüttert niedergeschrieben. (...) Höhere Geistkräfte im Menschen hervorzulocken und zu erkräftigen, das war gewiss eines der Anliegen, das hinter der Abfassung dieser Mysteriendichtung stand.«[20]

In der Folge seiner Schilderungen berichtet nun der Ich-Erzähler C.R. von seinen Erfahrungen auf dem Weg zu einer geheimnisvollen Hochzeit von König und Königin. In dem vielgestaltigen Geschehen gibt es Gefahren, Fragen stellen sich ein und Zweifel, auch Versuchungen, Ängste und Beglückungen. Und so, wie jenes blau gewandete »herrlich schöne Weibsbild« das Drama eröffnet, indem es den Einsiedler mit ihrem Besuch überrascht, ihn anrührt, so taucht in den einzelnen Szenen des Weiteren immer wieder eine entsprechende Anima-Gestalt auf, deren Aufgabe darin besteht, durch einen Wink oder eine Nachricht den Fortgang des Dramas zu lenken. Diese Gestalt ist es, die den Erzähler begleitet. Wie einer *Soror mystica* (mystische Schwester) obliegt ihr, dem Erkenntnissucher auf seinem Pfad, der zugleich Stadien eines Werks entspricht, beizustehen. Denn er, der aus der Hand dieser Frau einen ganz persönlichen Brief erhält, ist gemeint. Er ist eingeladen, Zeuge und Mitakteur bei der Hochzeitsgesellschaft zu sein. Beide, *Sponsus und Sponsa* (Bräutigam und Braut), sind es, die diese Einladung unterzeichnet haben, die da lautet:

Heut, heut, heut
Ist des Königs Hochzeit.
Bist du hierzu geboren,
Von Gott zur Freud erkoren,
Magst auf den Berg du gehen,
Darauf drei Tempel stehen,
Daselbst die G'schicht besehen.

Dieses dreimalige, beinahe beschwörende »Heut, heut, heut« macht die Entscheidung dessen deutlich, der sich auf den spirituellen Weg begeben will, um zum Ziel seines Lebens zu gelangen und dem *Mysterium coniunctionis*, Geheimnis der Vereinigung, näher zu kommen. Dabei darf er sich keinen Aufschub gestatten. *Jetzt* fällt die Entscheidung, *du selbst* bist dazu auserkoren! Gilt es doch, einen inneren Aufstieg zu den drei Tempeln zu wagen. *Daselbst*, das heißt gerade hier ist

In Anbindung an die Philosophie der Antike erleben die Gefährten das Weisheitsbad ihrer Seele als Ergebnis rosenkreuzerischer Rituale. (Miniatur aus der Prunkschrift Splendor Solis des 16. Jahrhunderts)

»die G'schicht«, gemäß der das Mysteriendrama abrollt, zu besehen. Nirgends anders lässt sich eine solche Erfahrung machen. Weiter heißt es in der Einladung:

Halt Wacht!
Dich selbst betracht!
Wirst dich nicht fleißig baden,
Die Hochzeit kann dir schaden.
Schad hat, wer hier verzeucht,
Hüt sich, wer ist zu leicht.

Das wussten die Pilger zum Heiligtum seit alters, dass nur derjenige es wagen darf, den heiligen Berg emporzusteigen, der sich zuvor gereinigt hat. So ist es eine Grundbedingung am Anfang des mystischen Wegs, einen Prozess der Läuterung (*via purgativa*) zu durchlaufen, ehe Erleuchtung (*via illuminativa*) erlangt werden kann. Die hier

Es handelt sich eben nicht um eine Schilderung von Vorgängen, die in Raum und Zeit angesiedelt sind.

gemeinte Hochzeit als letztes Ziel (*unio mystica*) würde dem schaden, der »ungebadet«, also unvorbereitet den Weg antreten wollte. Wachsamkeit, Selbstbetrachtung, Selbsterkenntnis gehören zu den unabdingbaren Voraussetzungen echter Mystik!

So steht am Eingang zur *Chymischen Hochzeit* das *Erkenne dich selbst* (Gnothi seautón), das die alten Griechen über die Eingangspforte zu ihren Tempelbezirken schrieben. Unvorbereitete werden gewogen und als »zu leicht« befunden. Und nochmals spielt das Zeitmoment eine entscheidende Rolle: »Schad(en) hat, wer hier verzeucht« (verzieht), also zögert, weil hierdurch der einmalige Moment der Entscheidung versäumt würde – eine eschatologische Situation, wie sie in den Gleichnissen Jesu wiederholt beschworen wird. Auch in jeder ernst genommenen spirituellen Übung, in Gebet und Meditation, in einer sakramentalen Handlung geschieht das Einzigartige »jetzt und hier«, in der Gegenwart des göttlichen Geistes. Daraus erwächst die entsprechende Seelenhaltung in Konzentration und Hingabe, sie geschieht im Innewerden.

Bemerkenswert ist nun, dass der zur Hochzeit von König und Königin Geladene ein besonderes Kleid anziehen soll. Zu denken ist an das neutestamentliche Motiv des »hochzeitlichen Kleides« (Matth. 22,11), ohne das die Gäste des großen Mahles keinen Einlass erhalten. Christian Rosenkreuz zieht einen weißen Leinenrock an. Er umgürtet seine Lenden mit einem blutroten Band, das er kreuzweise über seine Schultern bindet. Dadurch entsteht ein Andreas-Kreuz. Auf diese Weise wird der Pilger selbst zum Rosenkreuz. Denn hinzu kommt, dass er sich vier rote Rosen an seinen Hut steckt. Somit liegt schon hier die existentiell bedeutsame Rune der rosenkreuzerischen Botschaft. Sie entspricht dem Namen der württembergischen Andreae-Familie, die ihrerseits ein ebensolches Rosenkreuz im Wappen führt, und zwar analog zur Luther-Rose, wie es von einer betont lutherisch orientierten Theologenfamilie nicht anders zu erwarten ist. Ist damit nicht einmal mehr der Symbolcharakter des Christian Rosenkreuz unterstrichen? Somit ist es auch nicht etwa unstimmig, weil ja zur Osterzeit keine Rosen blühen. Es handelt sich eben nicht um eine Schilderung von Vorgängen, die in Raum und Zeit angesiedelt sind. Wie im bedeutsamen Traum oder im von archetypischen Motiven erfüllten Märchen ist die Realitätsgrenze überschritten. Das als äußerlich real Geschilderte verweist auf geistig-seelische Tatbestände und Prozesse, die jeweils den zur vollen Reifung entschlossenen Menschen betreffen.

Die nahe liegende Identität von Rosenkreuz und Andreae, der sich gleichsam als Symbolträger für jeden anderen auf dem Innenweg befindlichen Menschen anbietet, ist zumindest ein, aber nicht der einzige Aspekt des zugrunde liegenden Sinngehalts. Denn lässt man das Gesamtwerk auf sich wirken, dann wird man schwerlich sagen können, dass es J.V. Andreaes Absicht gewesen sei, sich lediglich in eine bestimmte Rolle hineinzuträumen und seine Familientradition aufzuwerten. Insofern ist der Autor der *Chymischen Hochzeit* nicht einfach der fiktive C.R. Es gibt noch eine andere Bedeutung; unter Hinweis auf die Alchymie ist es eine irdisch-kosmische.

Aber sollte die Schrift lediglich eine Satire auf die zeitgenössische, im 17. Jahrhundert bereits dekadent gewordene *Alchymie* sein? (Von J.V. Andreaes Vater ist bekannt, dass ihm, dem Pfarrer, seine alchymistischen Experimente teuer zu stehen kamen). Vielmehr haben wir es hier nicht mit blinder Goldmacherei nach Art der »Sudelköche« zu tun, sondern mit dem Typus und Urbild einer Wanderschaft zum Geist. Diese Wanderschaft ist jedoch auch nicht einfach der Weg der Mystik als ausschließlicher *Innen*weg. Die als spirituelle Disziplin zu verstehende Alchymie lebt gerade davon, dass die Kräfte in der äußeren Natur mit einbezogen sind in den Erkenntnis- und Reifungsprozess, den der Sucher zu durchlaufen hat. Hier wird keine Seeleninnerlichkeit auf Kosten der Schöpfung gepflegt![21] Das ist ja gerade das Streben der Pansophen des 16. und 17. Jahrhunderts, die in der Nachfolge des Paracelsus (1493 - 1541) auf die Signaturen achten, die als Merkzeichen und »Behälter des Geistes« (J. Böhme) zu allen Sinnen sprechen

> *Wie im bedeutsamen Traum oder im von archetypischen Motiven erfüllten Märchen ist die Realitätsgrenze überschritten.*

Das Werk der Alchymie findet scheinbar in Tiegeln und Öfen statt, verlangt jedoch in Wahrheit nicht weniger als die Läuterung der Seele bis in den himmlischen Zustand hinein. (Jean Perreal, Sinnbild alchemistischer Läuterung, 1516)

und etwas von dem der Natur Zugrunde liegenden offenbaren. Oder um es mit Rudolf Steiner zu sagen, der das Gegenüber von Mystik und Alchymie so charakterisiert:

»Die Forschungswege des Mystikers und des Alchymisten liegen nach entgegengesetzten Richtungen. Der Mystiker geht unmittelbar in das eigene Geistwesen des Menschen hinein. Sein Ziel ist, was die *Mystische* Hochzeit genannt werden kann, die Vereinigung der bewussten Seele mit der eigenen geistigen Wesenheit. – Der Alchymist will das Geistgebiet der Natur durchwandeln, um nach der erfolgten Wanderung mit den in diesem Gebiet erworbenen Erkenntniskräften das Geistwesen des Menschen zu schauen. Sein Ziel ist die *Chymische* Hochzeit, die Vereinigung mit dem Geistgebiet der Natur. Nach dieser Vereinigung erst will er die Anschauung der Menschenwesenheit erleben.«[22]

> **Selbsterkenntnis wird durch Welterkenntnis erweitert, Welterkenntnis durch Selbsterkenntnis vertieft.**

Damit sind zwei einander komplementäre Grundhaltungen gekennzeichnet. Man wird sich wohl vor Augen halten müssen, dass die Wendung nach innen (Introversion) und die nach außen (Extraversion) nicht immer in Reinform anzutreffen sein wird. Denn wer beispielsweise eine qualitative Naturforschung[23] treibt und nach *Welt*erkenntnis strebt, wie es der Alchymist seiner ursprünglichen Intention nach tut, der kommt ohne *Selbst*erkenntnis nicht aus. Darauf deutet schon die Einleitung unseres Textes hin. Beide Haltungen sind aufeinander bezogen, so wie sich der Makrokosmos Welt im Mikrokosmos Mensch spiegelt und wie sich zwischen *oben* und *unten* ein schier unendliches Feld der Entsprechungen erstreckt. In diesem Spannungsfeld wird *Ereignis*, »was die Welt im Innersten zusammenhält«.

Mit anderen Worten: In die Geheimnisgründe von Mensch und Welt einzudringen, die Stoffe zu wandeln und sich zuvor, wenn nicht gleichzeitig, selbst einer Wandlung zu unterziehen, das gehört zu den Aufgaben des rosenkreuzerisch gesinnten Alchymisten. Auch die *Chymische Hochzeit Christiani Rosenkreuz*, Zielbild echter Alchymie, schließt die zu transmutierende Natur, deren Glied der Mensch ist, in den geistig-seelischen Reifungsprozess mit ein. Selbsterkenntnis wird durch Welterkenntnis erweitert, Welterkenntnis durch Selbsterkenntnis vertieft.

Der Weg, den unser Wanderer nun anzutreten hat, beginnt gemäß der Erzählung in der Klause des Einsiedlers. Es ist die Zelle des Meditierenden, und führt dann hinaus in den »Wald«. Da gibt es Abwege und Irrungen, analog zu den Eingangsversen von Dantes Göttlicher Komödie (I,1):

> *Als unsres Lebens Mitte ich erklommen,*
> *Befand ich mich in einem dunklen Wald,*
> *Da ich vom rechten Wege abgekommen.*
>
> *Wie schwer ists, zu beschreiben die Gestalt*
> *Der dichten, wilden, dornigen Waldeshallen,*
> *Die, denk ich dran, erneuen der Furcht Gewalt!*

Die Weltzugewandtheit ist ein wichtiges Charakteristikum der rosenkreuzerischen Einstellung, kommt es doch für den Rosenkreuzer wie für jeden Christen darauf an, nicht etwa die Welt zu fliehen, sondern sie aktiv zu gestalten, ja zu verwandeln. Dass Johann Valentin Andreae selbst in langen Reisen in der Welt herumgekommen ist, sei nur beiläufig erwähnt. Er will ja nicht im landläufigen Sinn des Wortes eine Biographie schreiben, sondern Stadien eines Mysteriendramas. Das imaginative und poetische Element, wie wir es vom Traumerleben her kennen, überwiegt in der Chymischen Hochzeit bei weitem.

Nun einiges zu den weiteren Stationen der sieben Tage: Christian Rosenkreuz gelangt zu dem gesuchten Schloss. Dort findet er Einlass. Zusammen mit zahlreichen anderen, meist fragwürdigen Suchern, hat er eine Reihe von Prüfungen zu bestehen. Immer näher rückt das Ereignis der mit vielen Rätseln und Geheimnissen verwobenen Hochzeit des Königspaares.

Trotz der umständlichen barocken Sprache der Dichtung ist die Schilderung transparent genug für das, was in den Bildern und zwischen den Zeilen andeutend gesagt werden soll. Auch andere Zeitgenossen des R.C. sind zur besagten Hochzeit aufgebrochen. Wir hören von Beispielen menschlicher Verblendung, die in den Schilderungen in drastischer Weise verurteilt und bestraft werden. Offensichtlich haben sich etliche betrügerische Goldmacher eingefunden. Der Schreiber des Berichts bekennt sich durch seine ganze Darstellung zu jenen, die dem Leitmotiv folgen: »Aurum nostrum non aurum vulgi – das Gold, das wir meinen, ist nicht das gewöhnliche Gold!« Insofern bekennt Andreae deutlich Farbe. Er distanziert sich von zwielichtigen Zeitgenossen, die die Esoterik als solche in Misskredit bringen.

> *Das imaginative und poetische Element, wie wir es vom Traumerleben her kennen, überwiegt in der Chymischen Hochzeit bei weitem.*

In den von Traumbildern und Allegorien durchsetzten Erzählungen der *Chymischen Hochzeit* tauchen Imaginationen mannigfacher Art auf. Da ist beispielsweise die Szene mit einem »schönen schneeweißen Einhorn«. Von ihm heißt es:

»Es lief zum Brunnen, neigte sich daselbst auf seine Vorderfüße, um den Löwen, der auf dem Brunnen so unbeweglich stand, als sei er aus Stein oder aus Erz, seine Ehrerbietung zu erweisen«.

Einhorn und Löwe aber verhalten sich zueinander wie Kopf und Herz. Beide sollen in diesem bewusstseinsgeschichtlichen Augenblick, in dem immer stärker die äußere, naturwissenschaftlich erforschbare Welt erkundet wird und die Ratio sich entfaltet, miteinander in Einklang gebracht werden. Die Kräfte des Kopfes und die des Herzens, die des Denkens und die des Fühlens gilt es zu harmonisieren, soll nicht ein selbstgenügsamer Rationalismus oder eine amoralische, das heißt nur nach dem Machbarkeitsprinzip arbeitende unverantwortliche Wissenschaft vermieden werden.

Andreae distanziert sich von zwielichtigen Zeitgenossen, die die Esoterik als solche in Misskredit bringen.

Diese als persönliche Beobachtungen und Erlebnisse des R.C. aufgezeichneten Bildfolgen nehmen immer mehr den Charakter eines alchymistischen Transmutationsprozesses an. Ein eigenartiges Schauspiel wird aufgeführt, das in sieben Akten, sieben Werdestufen des herzustellenden Arkanums beschrieben wird. Doch ehe die *Chymische Hochzeit* zu ihrem Höhepunkt empor geführt werden kann, muss ihr Zeuge R.C. eine weitere harte Prüfung bestehen. Er muss erleben, wie die ganze Königsfamilie enthauptet wird. Das Entsetzen und die Trauer sind groß. Eine nochmalige Anstrengung wird vom Prüfling und von den gleich ihm inzwischen bewährten Alchymisten verlangt, nämlich »keine Mühe zu sparen, um den eben begrabenen Königen wieder zum Leben zu verhelfen«. Das Auferstehungsmotiv klingt an.

Das Resultat eines gemeinsamen Laborierens ist eine Erscheinung besonderer Art. Der wundersame Vogel Phönix taucht auf, seinerseits ein Symbol der Auferstehung und der Lebenserneuerung aus der Asche, also aufgrund eines durchzustehenden Verbrennungsprozesses. Das Ei dieses Phönix wird mit einem Diamanten durchschnitten. Das Blut des geheimnisvollen Vogels bewirkt schließlich die Erweckung der Getöteten. Ohne Opfer und ohne Verzicht auf Herzblut gibt es kein neues Leben! Erstaunlicherweise nehmen die auf diese Weise Erweckten zuerst die Gestalt von vier Zoll großen Homunculi an, nämlich eines kleinen Mannes und einer kleiner Frau. Diese beiden gilt es nun zu vermählen. Die Hochzeit wird in Beachtung der Arkandisziplin diskreterweise alsbald hinter einem Vorhang vollzogen, von Cupido, dem Sohn der Venus, sorgfältig bewacht.

Das Werk der Vermählung, ein Werk, das letztlich im Menschen selbst zu vollziehen ist, das *Mysterium coniunctionis*, macht die erfolgreichen, das heißt in ihrem Selbst geläuterten Alchymisten dieser Hochzeit zu *Rittern vom Gol-*

> **Als Ritter vom Goldenen Stein ist auch Christian Rosenkreuz in die Pflicht genommen.**

denen Stein. Ihnen obliegt fortan die Verpflichtung, die wahre Kunst der Transmutation – der Stoffeswandlung, verbunden mit der Selbstvollendung! – als Dienerin der Natur (*ars naturae ministra*) zu hüten. Als Ritter vom Goldenen Stein ist auch Christian Rosenkreuz in die Pflicht genommen. Insofern hat er das Ziel erreicht.

Und doch fällt ein herber Wermutstropfen in die Glücksstimmung des gerade Initiierten. Er soll *draußen* Torhüter sein, und zwar deshalb, weil er bei einem Gang durch das Schloss schuldig geworden sei. Als er nämlich, von seinem

Diener begleitet, in das Innere des mysterienumwobenen Baues vordrang, machte er vor dem Schlafgemach der Frau Venus halt. Er enthüllte ihre nackte Schönheit, welch ein verbotener Anblick! – Was mag damit gemeint sein? Der Biograph Andreaes vermerkt, der junge Student sei einst eines diesbezüglichen Vorkommnisses wegen von der hohen Schule in Tübingen verwiesen worden. Man wird jedoch nicht fehlgehen, wenn man diese übrigens nie ganz aufgeklärte Episode einer nur beiläufigen biographischen Deutung unseres Textes entzieht und in diesem Motiv ein mehrdeutiges Existenz- und Initiationsproblem erblickt, mit dem der oder die Betreffende auf dem Reifungsweg konfrontiert wird. Man denke nur an die Auseinandersetzung mit dem Seelenbild (Animus bzw. Anima), die im Individuationsvorgang (im Sinne C.G. Jungs) eine wichtige Rolle spielt, um in der Selbst-Werdung Ganzheit zu erlangen. So gesehen, lassen sich auch die rosenkreuzerischen Schilderungen als eine Weise verstehen, den jeweils individuell zu durchlaufenden menschlichen Reifungsprozess in ein Kompendium von Bildern zu übersetzen, die ihrerseits zu einer Betrachtung der eigenen Biographie mit ihren Wandlungsvorgängen anregen. Wesentlich ist letztlich stets, wie man das Angeschaute in die Lebenspraxis hinein übersetzt.

Kurz vor dem Ende bricht die Rosenkreuzererzählung mitten im Satz plötzlich ab. Es folgt die rätselhafte Notiz, wonach der Schilderung noch »zwei Quart-Blättchen« fehlen. Der fragmentarische Charakter der *Chymischen Hochzeit* ist mehr als nur ein literarischer Kunstgriff, dessen sich Andreae hier bedient haben mag. Denn das, was bei aller Dramatik im weitschweifig geschilderten Bericht von C.R. erzählt wurde, soll wohl einen Impuls zu *eigenem* Erleben vermitteln. *Darin* liegt das spezifisch Esoterische dieser Schrift überhaupt.

Ihre Unabgeschlossenheit, Ergänzungsbedürftigkeit unterstreicht, wie sehr die Dinge *offen* sind, offen für den Leser, die Leserin, die jene einzelnen szenischen Bilder zu sich sprechen lassen wollen. Bemerkenswerterweise ist es nicht die einzige esoterische Schrift, die in diesem Sinne Fragment geblieben ist, wohl Fragment bleiben musste. Knapp vier Jahre vor der Veröffentlichung der *Chymischen Hochzeit* war es Jakob Böhme beschieden, dass – bedingt durch kirchlichen Widerspruch – sein Erstlingswerk, die »Aurora«, »wie im Sturm abgebrochen« werden musste. Es musste unvollendet bleiben. Das trifft auch für Goethes Rosenkreuz-Gedicht »Die Geheimisse« zu. Schließlich denke man an die Fragmente im Gedankenwerk des Novalis. Da wie dort wirken die vermeintlichen Bruchstücke dennoch, und zwar als *fermenta cognitionis* (F. von Baader), das heißt als geistiges Saatgut, von dem Fermentwirkungen ausgehen mögen.

Soviel zur Skizzierung einiger Stationen auf dem Weg des Christian Rosenkreuz. Der freien Entscheidung der Einzelnen bleibt es da wie dort anheim gestellt, das Eigentliche in Gestalt der Meditation selbst zu tun, sich selbst auf den Weg zu machen – wie es die abschließende Anmerkung der Schrift ausdrückt – nämlich um endlich *heimzukommen*. So gesehen stellt Christian Rosenkreuz den Prototyp des Menschen dar, der immer neuer Verkörperung fähig ist – auch das ist eine Einladung zur *königlichen Hochzeit*.

Allgemeine vnd General
REFORMATION,
der gantzen weiten Welt.

Beneben der
FAMA FRA-
TERNITATIS,
Deß Löblichen Ordens des
Rosenkreutzes / an alle Gelehrte
vnd Häupter Europæ geschrie-
ben:

Auch einer kurtzen RESPONSION,
von dem Herrn Haselmeyer gestellet / welcher
deßwegen von den Jesuitern ist gefänglich ein-
gezogen / vnd auff eine Galleren ge-
schmiedet:

Itzo öffentlich in Druck verfertiget /
vnd allen trewen Hertzen communiciret
worden.

Gedruckt zu Cassel / durch Wilhelm Wessell /
ANNO M. DC. XIV.

Allgemeine und General-Reformation der ganzen weiten Welt, Gerücht der Bruderschaft des löblichen Ordens des Rosenkreuzes, an alle Gelehrte und Häupter Europas geschrieben. (Titelblatt der Erstausgabe der Fama Fraternitatis, Kassel, 1614)

II. Fama Fraternitatis

In der 1614 erstmals veröffentlichten *Fama* erfährt die Öffentlichkeit die Kunde von der Existenz jener Bruderschaft des *hochlöblichen* C.R.. Für sich genommen ist eine derartige Mitteilung nichts Besonderes. Ordensähnliche Verbindungen, Bruderschaften und geheime Zirkel gibt es gerade in der Renaissance und später in großer Zahl. Und so hebt die *Fama* an:

»Wir, die Brüder der Fraternität des C.R. entbieten allen und jedem, die diese unsere Fama christlicher Meinung lesen, unsern Gruß, Liebe und Gebet.«

Nach einer knappen kritischen Bestandsaufnahme über die derzeitige Lage in Wissenschaft und Kultur fährt der

> **Die Fama Fraternitatis dient vor allem dazu, die Existenz eines noch in Verborgenheit existierenden Ordens zu bekunden**

Text fort, indem er auf die Verwirklichung und Vervollständigungsbedürftigkeit der vorausgegangenen lutherischen Reformation zumindest indirekt aufmerksam macht:

»Um das Ziel einer Generalreformation hat sich seit langem intensiv bemüht der tiefsinnige, geistvolle und hocherleuchtete Vater und Bruder C.R., ein Deutscher, unserer Fraternität Haupt und Begründer.«

Die *Fama Fraternitatis* dient vor allem dazu, die Existenz eines noch in Verborgenheit existierenden Ordens zu bekunden, deren Mitglieder sich dazu berufen fühlen, jener Generalreformation zu dienen. Christian Rosenkreuz selbst soll als einer bekannt gemacht werden, der sich dieser großen

Aufgabe gewidmet habe. Der Autor, der sich als Sprecher dieser rosenkreuzerischen Bruderschaft versteht, skizziert das Leben des Gründers und umschreibt die religiöse, politische und weltanschauliche Position der Fraternität. Im Bericht heißt es:

»Im fünften Jahr seines Alters wurde das Kind adeliger Eltern in ein Kloster gesteckt. Er erlernte beide Sprachen, das Griechische und das Lateinische. Auf sein eindringliches Flehen und Bitten hin wurde er noch in blühender Jugend einem Bruder beigegeben, der eine Reise zum heiligen Grab unternahm. Obgleich dieser Bruder in Cypern starb und also Jerusalem nicht gesehen hatte, kehrte unser Vater C. R. nicht um, sondern fuhr zu Schiff hinüber und zog nach Damaskus, willens, von dort aus Jerusalem zu besuchen. Als er aber wegen Krankheit dort verweilen musste und die Türken kennen lernte, erfuhr er von den Weisen zu Damcar in Arabien, welcher Wundertaten sie fähig waren und dass ihnen die gesamte Natur entschleiert sei. Hierdurch wurde der hohe und edle Genius des Bruders C. R. erweckt, sodass ihm Jerusalem nun nicht mehr so sehr im Sinne lag wie Damcar. Er konnte sein Verlangen nicht mehr meistern, sondern veranlasste die Araber, ihn für einen bestimmten Geldbetrag nach Damcar zu bringen.«

Unschwer ist zu erkennen, dass auf das Streben der mittelalterlichen Kreuzfahrer angespielt wird, denen es darum ging, das Grab Christi zu besuchen. Darüber hinaus aber – und das scheint für den jugendlichen Morgenlandfahrer noch wichtiger zu sein – in die Geheimnisse der Araber eingeweiht zu werden. Die Araber hießen ihn, den sechzehnjährigen Deutschen, nicht etwa wie einen Fremden willkommen, sondern wie einen, auf den sie schon lange gewartet hatten. Seine

Verwunderung war groß, weil jene seinen Namen kannten und über seine Herkunft Bescheid wussten. So weihten sie ihn in ihr Wissensgut ein und machten ihn mit dem *Buch M* (librum M) vertraut. Gemeint ist wohl *liber mundus*, Inbegriff der die ganze Schöpfung umfassenden Weltweisheit (Pansophie). Über sie verfügten nicht nur die Araber, sondern auch der in rosenkreuzerischen Zusammenhängen hoch geachtete Theophrastus (Paracelsus), wiewohl er nicht der Bruderschaft angehörte, wie die Fama wissen lässt.

Nach etwa dreijährigem Aufenthalt kehrt der Erkenntnissucher über Ägypten und Fez in die Heimat zurück. Erfüllt von nie geahnten Eindrücken war er vor allem mit dem geheimen Wissen jener Weisen des Ostens versehen. Im Zeitalter der Glaubensspaltung, das gebrandmarkt ist von den Streitigkeiten der Konfessionen unmittelbar vor Beginn des Dreißigjährigen Krieges, geht es dem Autor offenbar darum, für eine Gemeinschaft des Geistes und der Eintracht Zeugnis abzulegen, einzutreten für eine Gemeinschaft, die über die herkömmlichen Konfessionen und Weltanschauungen hinaus gestiftet werden möge. Dass die Mitglieder der Fraternität aber keinem orientierungslosen Synkretismus frönen wollen, geht aus dem folgenden Text hervor. Darin heißt es:

> ***Zwei Überlieferungsstränge garantieren ihre Spiritualität, nämlich die der althebräisch-biblischen und die der griechisch-römischen Geistestradition.***

»Damit aber auch jeder Christ wisse, welchen Glaubens und Vertrauens wir sind, so bekennen wir uns zur Erkenntnis Jesu Christi, wie dieselbe zu dieser letzten Zeit in Deutschland hell und klar verbreitet wurde und – abgesehen von Schwärmern, Ketzern und falschen Propheten – in bestimmten Ländern erhalten, verteidigt und propagiert wird.«

Aus diesen Worten spricht ein eindeutiges Bekenntnis zur vorausgegangenen Reformation Martin Luthers, unterstrichen durch die Praxis zweier Sakramente (Taufe und Abendmahl). Insofern sei diese Philosophie und Theologie nicht neu, sondern »wie sie seit Adam nach seinem Fall«, auch seit Moses und Salomon im Schwange sei, dazu bestätigt durch die großen Philosophen der Antike, durch Plato, Aristoteles, Pythagoras und andere. Damit sind die geistig-religiösen Gewährsleute der Rosenkreuzer aufgeführt. Mit anderen Worten: Zwei Überlieferungsstränge garantieren ihre Spiritualität, nämlich die der althebräisch-biblischen und die der griechisch-römischen Geistestradition. Rosenkreuz selbst steht dafür ein. Zusammen mit einigen Mitbrüdern begründet er die Fraternität. In ihrer Mitte hütet man das Buch der Welterkenntnis (liber mundi), so wie es bereits Paracelsus zu lesen und auszulegen vermochte. Damit ist letztlich keine Literatur gemeint, sondern eine Geistesart, die es erlaubt, das *Licht der Natur* (lumen naturae) zu schauen und in allen Kreaturen die geheimnisvollen, gleichwohl offenbaren Signaturen des Weltgeistes (spiritus mundi) zu entschlüsseln.

Unerkannt und durch keine Ordenstracht gekennzeichnet, wollen die Brüder von Christian Rosenkreuz ihren Dienst mitten in der Welt ausrichten.

Die Grundlagen des Ordens sind somit von universaler Beschaffenheit, denn sie erstrecken sich, wie im Text eigens ausgeführt ist, vom göttlichen *Fiat* (Es werde!) bis zum *Pereat* (Es vergehe!). Dies entspricht der Schöpfung, die sich bis hin zur Weltvollendung erstreckt. Auch über die weiteren Schicksale gibt die *Fama* Auskunft: Der Bruderkreis, der bald acht Mitglieder aufweist, beschließt nach einer esoterischen nun auch eine exoterische, das heißt nach außen gewandte Wirksamkeit zu entfalten. Die »heimliche und offenbare Philosophie« gilt es mit praktischer Hilfeleistung im Geist der christlichen Menschenliebe zu verbinden. Zu den Aufgaben, zu deren Erfüllung sich die in die Welt ziehenden Brüder verpflichten, gehört beispielsweise die selbstlose Krankenpflege. Doch der aufgetragene Dienst hat immer wieder auch eine esoterischen Note. Das Rosenkreuzertum, das sich mit dieser Schrift zu erkennen gibt und um Mitstreiter wirbt, weiß die geistgemäße Manifestation von marktschreierischer Werbung klar zu unterscheiden.

Durch einen glücklichen Zufall entdeckt man die Grabstätte des C.R..

Unerkannt und durch keine Ordenstracht gekennzeichnet, wollen die Brüder von Christian Rosenkreuz ihren Dienst mitten in der Welt ausrichten. Ausdrücklich heißt es, die Bruderschaft werde zunächst für 120 Jahre im Untergrund verharren. Der Schleier des Geheimnisses ist über die weiteren Schicksale der Mitglieder gebreitet. Nicht mehr als die Namen des Begründerkreises will der Berichterstatter kennen, und auch diese werden, wie nicht anders zu erwarten, nur in verschlüsselter Form notiert. Dennoch kommt es zu einer Art von Mysterienveröffentlichung. Denn durch einen glücklichen Zufall entdeckt man die Grabstätte des C.R.. Dies mag als Ausdruck einer Wendung zur Allgemeinheit hin aufgefasst werden.

Wer das in einer Mythe Berichtete lokalisieren oder datieren will, verfehlt deren Intention.

Immer wieder wird das Mitzuteilende in Bildern und Symbolen wiedergegeben. Grundsätzlich trifft das auf alle Einzeldaten zu, weshalb man davon Abstand nehmen sollte, die einzelnen Aussagen buchstäblich in Raum und Zeit zu versetzen. Wer das in einer Mythe Berichtete lokalisieren oder datieren will, verfehlt deren Intention. Von der Tür zum Grab ist die Rede. Sie deutet hin auf den Zugang zum bislang Verborgenen, das sich nunmehr für ganz Europa öffnen will.

Erkenntnis und Frömmigkeit sind für rosenkreuzerisch Gesinnte zu einer Ganzheit vereint.

Auf den universalen Charakter des rosenkreuzerischen Christentums, das sich analog zu der paulinischen Überlieferung auf das kosmische Christentum berufen kann, deuten die Worte:

»Jesus mihi omnia – Jesus Christus ist mir alles.«

Erkenntnis und Frömmigkeit sind demnach für rosenkreuzerisch Gesinnte zu einer Ganzheit vereint. Der Kosmos ist als die »vom Himmel her« sich erstreckende Dimension zu verstehen. Eine »fürwitzige, gottlose«, das heißt eine einseitige, rationalistisch-materialistische Weltdeutung, reicht nicht hin, um das *Mysterium magnum* zu erfassen, das Himmel und Erde umspannt, die irdische und die im Irdischen aufleuchtende göttlich-geistige Welt.

Des Weiteren erfährt man, was bei der Öffnung des Grabes zu sehen ist. Der Leib des C.R. wird »unversehrt und ohne alles Verwesen« vorgefunden. Damit soll wohl in augenfälliger Weise dessen geistige Gegenwart betont werden. Und ihn »ausgraben« heißt: seine Geistesart von neuem erwecken, sodass Menschen diesem Urbild begegnen und in ihrem geistigen Streben nacheifern können. Was das geistige Testament des Gründers betrifft, so drückt der dreiteilige mantramartige Rosenkreuzerspruch das Wesentliche aus:

Ex deo nascimur,
In Jesu morimur,
Per spiritum reviviscimus.

Aus Gott sind wir geboren,
In Jesu sterben wir,
Durch den Heiligen Geist werden wir wiedergeboren.

Somit ist ein Blick auf eine dreigegliederte dynamische Menschenkunde eröffnet: die Geburt aus Gott; das mystische Sterben mit Jesus Christus; schließlich die Neugeburt in der Kraft des Heiligen Geistes. Während andere menschenkundliche Entwürfe davon sprechen, woraus ein Mensch »besteht«, verweist die *Fama* auf einen Prozess der Wandlung, also auf ein Geschehen hin. Es ist der Prozess der christlichen Einweihung überhaupt.

Ein solches Programm verlangt eine angemessene »Antwort«. Und wenn wir hören, dass innerhalb weniger Jahre über zweihundert literarische Antwortschreiben auf die *Fama* sowie auf die nachfolgende *Confessio* verfasst worden sein sollen, wird aus esoterischer Betrachtung zu sagen sein: Derartige Antworten sind in Texten mit geistiger Zielsetzung letztlich nicht gemeint, wohl aber solche, die zeigen, dass sich Menschen für einen inneren Weg entscheiden.

Zum inneren Weg kommen äußere Vollzüge hinzu, wie immer die praktische Umsetzung von etwas innerlich Errungenem von Fall zu Fall aussehen mag. Nun steht die Zielsetzung der Rosenkreuzer im Zusammenhang ihres forschenden Umgangs mit den Kräften der Natur. Will-Erich Peuckert bemerkt hierzu: »Es gibt darnach zwei Gruppen

> **Der Ich-Berichter, Rosenkreuz, ist folglich das gewesen, was Paracelsus als philosophus bezeichnete.**

oder Stufen bei den Alchymisten: die auf der unteren Stufe kochen und laborieren in Gold; die oberen bewirken und erzielen die Wiedergeburt, die nach der paracelsischen Weltanschauung (und dass diese in den Schriften gilt, bezeugt die *Fama* und *Confessio*) eben ein Wiedergewinn des Ausgangs- oder Urzustandes ist. (...) Und dieser oberen Stufe wurde Christianus Rosenkreuz zugeordnet. (...) Er ist mehr als ein Alchymist, er ist *philosophus*. (...) Philosophen sind Sucher und Kenner der Geheimnisse, der Geheimnisse des Geschehens. (...) Der Ich-Berichter, Rosenkreuz, ist folglich das gewesen, was Paracelsus als *philosophus* bezeichnete.«[24]

Jakob Böhme, an den in zeitlicher und spiritueller Parallelität zu Andreae immer wieder erinnert werden darf und der sich in der Frage der Alchymie wiederholt geäußert hat, ohne selbst ein Laborant gewesen zu sein, gibt in ähnlichem Sinne zu bedenken: »Und lasset euch das, ihr Sucher der metallischen Tinktur, offenbar sein: Wollt ihr den lapidem philosophorum (Stein der Weisen) finden, so schicket euch zu der neuen Wiedergeburt in Christo, sonst wird sie euch schwer sein zu erkennen.«[25]

Und ein Menschenalter nach Böhme schreibt der ihm geistesverwandte schlesische Landsmann Angelus Silesius Johann Scheffler in seinem Cherubinischen Wandersmann:

> *Dein Stein, Chymist, ist nichts;*
> *Der Eckstein, den ich mein*
> *Ist meine Goldtinktur*
> *Und aller Weisen Stein.*

Granum pectori Jesu insitum ...

Das dem Herzen Jesu eingepflanzte Samenkorn, Christian Rosenkreuz, stammte aus vornehmer und erleuchteter deutscher Familie. Er war für sein Jahrhundert der Mann, der durch göttliche Offenbarung, durch erhabenste Imagination, durch unermüdliches Bestreben den Zugang fand zu den himmlischen und menschlichen Mysterien. Er behütete seinen mehr als königlichen Schatz, den er auf seinen Reisen durch Arabien und Afrika gesammelt hatte ...

Fama Fraternitatis
in der Übersetzung von Gerhard Wehr

FAMA FRATERNITATIS R. C.

Das ist,

Gerücht der Brüderschafft des Hochlöblichen Ordens R. C.

An alle Gelehrte vnd Heupter Europæ

Beneben deroselben Lateinischen

CONFESSION,

Welche vorhin in Druck noch nie ausgangen/ nuhnmehr aber auff vielfältiges nachfragen/ zusampt deren beygefügten Teutschen Version zu freundtlichen gefallen/ allen Sittsamen gutherzigen Gemühtern wolgemeint in Druck gegeben vnd communiciret.

Von einem des Li. chi. s. Warheit/ vnd Friedens
Liebhabenden vnd begierigen
Philomago.

Gedruckt zu Cassel/ durch Wilhelm Wessel
ANNO M.DC.XV.

Das Bekenntnis, das vorher noch nie gedruckt wurde, nunmehr aber auf vielfältige Nachfrage als deutsche Version zum freundlichen Gefallen aller sittsamen, gutherzigen Gemüter wohlgemeint in Druck gegeben und verbreitet. (Titelblatt der Confessio, 1615)

III. Confessio Fraternitatis

Die *Fama* des Jahres 1614 wirkte wie ein Fanal. Der auch diesmal nicht genannte (wahrscheinliche) Autor Johann Valentin Andreae konnte damit rechnen, dass die 1615 veröffentlichte *Confessio* die bereits erzeugte Erregung in weiten Kreisen noch verstärken würde. Abgesehen von mancherlei kritischen Stimmen, überwog doch der Tenor derer, die die erklärten Rosenkreuzer unter Hinweis auf die Magier aus dem Morgenland geradezu beschworen:

»Verberget euch nicht länger, o ihr warnenden Brüder und unbetrüglichen Jesuiter. (d.h. Nachfolger Jesu) weil euch das Licht Gottes wie den Magis der Stern vorgeleuchtet, zu Gott zu kommen, die verwirrte Welt zu lehren den wahren Weg der ewigen Philosophie als der Erkenntnis (des) Messias und der Natur Licht.«[26]

Der Autor der *Fama* hatte demnach allen Grund, mit seiner *Confessio* eine weitere Schrift dieser Art nachfolgen zu lassen. Und zwar ist diese zunächst in lateinischer Sprache abgefasst, was darauf hindeutet, dass zunächst ein gelehrtes Publikum angesprochen werden soll, »und als sei die Absicht vorhanden gewesen, eine Interpretation der romantischen Allegorien des ersten Manifestes zu geben.«[27]

Wie auch immer, wichtig ist, dass dieses »Bekenntnis der löblichen Bruderschaft des hochgeehrten Rosenkreuz an die Gelehrten Europas geschrieben« - so die erläuternde Überschrift – die Ernsthaftigkeit der rosenkreuzerischen Bemühungen gleich eingangs hervorhebt. So beginnt das erste der vierzehn Kapitel mit der Mahnung:

»Was von unserer Fraternität oder Bruderschaft hier zuvor ausgefertigter *Fama* zu Ohren gekommen und offenbar gemacht worden, das soll niemand für unbedacht, verwegen oder erdichtet achten, viel weniger aber als aus unserm Gutdünken hergeflossen und entstanden aufnehmen. Der Herr Jehovah ist es, welcher (...) wieder zum Anfang eilet, den Lauf der Natur umwendet und, was hiervor mit großer Mühe und unablässiger Arbeit gesucht worden, jetzt denen, die es nicht beachten oder wohl nicht einmal daran denken, eröffnet. Andern aber, die es begehren, freiwillig anbietet und denen, die es nicht begehren, gleichsam aufzwingt.«

Der eschatologische, auf die letzten Geheimnisse des Seins bezogene Aspekt ist nicht zu übersehen.

Es ist ein welt- und zugleich heilsgeschichtlicher Augenblick, in dem sich die Bruderschaft anschickt, ihr Werk auf den Weg zur *chymischen Hochzeit* zu bringen und Menschen für ihre Ideale zu gewinnen. Der eschatologische, auf die letzten Geheimnisse des Seins bezogene Aspekt ist nicht zu übersehen. Er verstärkt die Dringlichkeit des Vorhabens. Hat einst nicht auch der Seher-Abt Joachim von Fiore im hohen Mittelalter eine ganz neue Zeit des Heils verkündet, nämlich nach den abgelaufenen Reichen des Vaters und des Sohnes, das in Kürze zu erwartende »dritte Reich des Heiligen Geistes«?[28] Und haben nicht die in diesem Bewusstsein zum letzten entschlossenen Söhne des böhmischen Reformators Jan Hus ihren Kampf um Kelch und Reich gekämpft? Auch der für das Recht der kleinen Leute eintretende Thomas Müntzer (gest. 1525) auf der Seite der mitteldeutschen Bauern wäre zu nennen. Alles Menschen, die erfüllt von der urchristlichen Sehnsucht beten: »Dein Reich komme!« (Ist diese zweite Vater-unser-Bitte eigentlich noch in Kraft?)[29]. Und die Fraternitas des Christian Rosenkreuz, will sie nicht die Keimzelle einer neuen Gesellschaft (*Civitas Christiana*) sein? Diese Frage ist um so berechtigter, weil Johann Valentin Andreae als ihr stimmgewaltigster Propagandist lebenslang einer tiefgreifenden Gesellschaftsreform aus dem Geist des Christentums entgegenarbeitete, auch und gerade dort, wo er seine Jugendschriften – diese Manifeste also – meinte, der Lächerlichkeit preisgeben zu sollen. Darüber sei nicht der Einsatz des rührigen Gemeindepfarrers Andreae vergessen, als der Dreißigjährige Krieg auch die württembergischen Orte wie Calw in Mitleidenschaft zog. Spiritualität und Diakonie, der Dienst am hilfsbedürftigen Menschen, gehörten für ihn zusammen. Die Liebe Christi ist unteilbar.

Der Ruf: »Es ist an der Zeit« – bereits in der *Chymischen Hochzeit* durch das dreimalige »Heut, heut, heut ist des Königs Hochzeit!« erhoben – will nicht verstummen, weder bei Andreae, noch bei Jakob Böhme, noch in Goethes berühmten Rätsel-Märchen. Immer wieder erscheint es angebracht und erforderlich, dieses große Thema in seiner anhaltenden Aktualität zum Klingen zu bringen. Jede Generation verlangt nach einer zeit- und geistgemäßen Vergegenwärtigung. Dass die Deutungen bisweilen differieren, muss nicht als Widerspruch aufgefasst werden. Eher kommt etwas von der Vieldimensionalität dessen zum Ausdruck, das dem Wesen eines im Archetypischen gründenden Symbols entspricht.

Die Zeit des Christian Rosenkreuz, so ahnt Andreae, ist die Zeit einer großen Bewusstseinswende.

Es ist offensichtlich, der Autor der rosenkreuzerischen Manifeste und die ihm Geistesverwandten leben in der Überzeugung, dass *nunmehr* die Zeit angebrochen sei, in der die Mysterien entsiegelt werden wollen. Die Zeit des Christian Rosenkreuz, so ahnt Andreae, ist die Zeit einer großen Bewusstseinswende. Und gerade wenn dieser Vater R.C. als archetypisch bedeutsame Geist-Gestalt gleichsam aus der Sphäre des Überhistorischen in die Epoche großer Veränderungen hineinwirkt, bekommen die ihm vom Autor symbolisierend zugedachten Lebensdaten eine besondere Bedeutung. Entscheidend für ihn ist der Augenblick der Öffnung des wundersamen Grabes. Sie fällt in den Anfang des 17. Jahrhunderts, das heißt in das Jetzt und Hier, in das *Heute*.

Unmittelbares, erlebbares Ereignis dieser Graböffnung stellt die geistig-geistliche Erweckung des Menschen dar, wie wenige es auch sein mögen, die ihr jeweils in offenkundiger Gestalt teilhaftig werden, sodass sich an ihnen die Signaturen eines Überpersönlichen ablesen lassen. Der Schreiber der *Confessio* gibt sich daher über die »stupiden Naturen« seiner Zeitgenossen keiner Täuschung hin. Denn für die geistig Blinden, die spirituell Unreifen, für die in der Enge einer alten Bewusstseinsart Behafteten bleibt die sich manifestierende Bruderschaft einstweilen noch verborgen. Notgedrungen haftet Verbrüderungen der Charakter des Elitären an. Denn die Aufgaben geistiger Pioniere, der Wegbereiter und Spurengänger – Männer wie auch Frauen – können nicht im Vorneherein den Vielen zugemutet werden. Verborgen ist jeweils dasjenige, für das man noch nicht reif ist. Das ist als eine generelle Feststellung aufzufassen. Damit ist deutlich gesagt, dass es mit Eintritt in eine rosenkreuzerisch oder ähnlich sich nennende Gemeinschaft nicht getan sein kann – damals wie heute und immer! Allzu rasch wird ein geistiger Impuls durch die Vereinsmeierei

> **Notgedrungen haftet Verbrüderungen der Charakter des Elitären an.**

derer, die nichts weiter als »Mitglieder« sind, eher verfälscht als befördert. Diese selbstkritische Überlegung ist jeder Vereinigung mit besonderen, hochgesteckten Zielsetzungen zuzumuten. Nah sind daher allein diejenigen dem rosenkreuzerischen Geheimnis, die einen adäquaten Erkenntnisweg und Reifungsprozess zur *spirituellen Hochzeit*[30] hin antreten, was mit einer oberflächlichen Romantisierung traditioneller Symbole nicht verwechselt werden darf.

Als lutherischer Pastor und Prediger schätzt Andreae *das Wort* hoch ein. Streng genommen geht es freilich um »das Wort in den Wörtern«, um eine Achtsamkeit auf das Unverfügbare, das man mit den irdenen Gefäßen menschlicher Begrifflichkeit zu fassen sucht. Denn welchen Sinn macht es, lediglich auf eine sogenannte Bibelfestigkeit zu schwören, aber über den Wortsinn der Überlieferung nicht hinauszukommen, weil die Bibel ein tief esoterisches Zeugnis ist, Niederschlag religiöser Erfahrung. Mit anderen Worten: An der Bibel Alten und Neuen Testaments vermag sich durch ein konzentriertes, ein meditatives Lesen und Betrachten stets von neuem spirituelle Erfahrung zu entzünden. Die Urtümlichkeit ihrer Bilder und Wahrworte verweist nicht allein auf eine mystische Tatsache aus der Vergangenheit. Sie wird vielmehr je und je gegenwärtig als »Weg, Wahrheit und Leben« dessen, der der wahre Mensch, das Urbild des Menschen, also Menschheitsrepräsentant ist: der Christus Jesus. Und Christian Rosenkreuz will ihn nicht etwa verdrängen oder ersetzen. Eher könnte man sagen: er solle diesen Namen erhöhen und potenzieren. Schon sein Vorname wie sein Nachname stellt eine ausdrückliche Er-Innerung dessen dar,

> *Allzu rasch wird ein geistiger Impuls durch die Vereinsmeierei derer, die nichts weiter als »Mitglieder« sind, eher verfälscht als befördert.*

Der pansophische Christus als Allherrscher über Himmel und Erde. (Lucas Cranach der Ältere)

der durch den Tod am Kreuz gegangen ist und der – im Zeichen der erblühten *Rose* – das neue Leben repräsentiert. Kein Tod ohne Auferstehung, kein mystisches Sterben ohne ein neues, höheres Leben. Was sterben muss, ist *der alte Adam*; wem dieses Leben aus der Kraft des Geistes verheißen ist, der ist der mit Christus verbundene Mensch. Auch dies ist in Andreaes Luthertum mit Blick auf die Taufe tief verwurzelt. Und diese Taufe wird von Luther im *Kleinen Katechismus* nicht allein als einmaliger Akt, wie er am Täufling vollzogen wird, sondern als ein Tag für Tag sich wiederholender Prozess verstanden.[31]

> **Die Bibel ist ein tief esoterisches Zeugnis, Niederschlag religiöser Erfahrung.**

Nehmen wir die bereits in der *Fama* ausgesprochene Warnung vor einer egoistisch verfremdeten Pseudo-Alchymie hinzu, dann ist der ethische Appell nicht zu überhören, der sich in den Manifesten kundgibt. Soviel ist klar: Das rosenkreuzerische Christentum, das sich hier bald als mythisches Bild, bald als Aufruf zu bruderschaftlicher Gemeinschaftsbildung artikuliert, ist ein Christentum, das innen (*esoterisch*) beginnt, das aber stets auch äußere Konsequenzen des Dienstes (*exoterisch*) am Menschen haben muss. Die den Brüdern aufgetragene Naturforschung und Krankenpflege, verbunden mit einem verantwortlichen Leben »in der Zeit«, weisen in diese Richtung.

> **Christian Rosenkreuz will Christus nicht etwa verdrängen oder ersetzen. Eher könnte man sagen: er solle diesen Namen erhöhen und potenzieren.**

Das 13. Kapitel schließt: »Denkt ihr nicht auch daran, wie ihr in Erwägung der Gaben in euch und der Erfahrung, die ihr in Gottes Wort habt, neben fleißiger Betrachtung der Unvollkommenheit aller Künste und vieler ungereimter

Sachen in denselben endlich mit uns anfangen mögt, nach der Verbesserung zu trachten, Gott stille zu halten und euch *in die Zeit, in welcher ihr lebt*, recht zu schicken? – Fürwahr, wenn ihr das tun werdet, wird euch dieser Nutzen daraus erwachsen, dass alle Güter, die die Natur an allen Orten der Welt in wunderbarer Weise ausgestreut hat, euch zugleich miteinander verliehen und mitgeteilt werden.«

Der muss ja wohl ein unersättlicher Mensch sein, der so weit kam, dass ihm keine Armut, Ungemach oder Krankheit schaden kann, ja welcher gleichsam höher als alle Menschen erhoben über dasjenige herrscht, wovon andere Leute gequält, geängstigt und gepeinigt werden, und sich doch erst darum wieder zu nichtigen Dingen wendet, Häuser baut, Krieg führt oder sonst seinem Stolz nachgibt, weil von Gold und Silber eine unerschöpfliche Quelle vorhanden ist.

Confessio Fraternitatis
in der Übersetzung von Gerhard Wehr

Johann Valentin Andreae (1586-1654)

Johann Valentin Andreae und sein großer Traum

Es ist viel gerätselt worden, was das für ein Mensch gewesen sein müsste, der als Verfasser der rosenkreuzerischen Manifeste einschließlich der *Chymischen Hochzeit* in Frage kommen könnte. Heute hat man ein ziemlich genaues Bild von ihm als einem Menschen, der sich als evangelischer Theologe ein umfassendes Wissen seiner Zeit erworben hat, sich zwar an orthodoxen Glaubenspositionen seiner Kirche orientierte, gleichzeitig aber auch für Grenzprobleme innerhalb einer erweiterten Weltsicht offen blieb. Eben dies ließ ihn bei nicht wenigen seiner Zeitgenossen sowie der Nachwelt als eine schillernde Persönlichkeit erscheinen.

Was die Entstehung der Texte anlangt, so wurde erwogen, ob eventuell nicht ein Einzelner, sondern verschiedene Autoren, ein »rosenkreuzerischer« Zirkel etwa[32], für die Verfasserschaft in Frage kämen. Und was die Anonymität aller drei Schriften betrifft, so war Andreae nur bereit, sich zu der zuletzt veröffentlichten, jedoch zuerst abgefassten *Chymischen Hochzeit* zu bekennen, und auch das nur mit der bagatellisierenden Einschränkung, es habe sich dabei lediglich um eine jugendliche Spielerei (ludibrium) gehandelt. Sagt doch Andreae, er »habe des Märchens der Rosenkreuzerei gelacht«, als sei es gar nicht ernst zu nehmen. Das geschieht freilich zu einem Zeitpunkt, an dem Andreae als württembergischer Theologe in kirchenleitender Funktion in Amt und Würden ist, auf Grund schmerzlicher Erfahrungen im Zeitalter konfessionalistischer Beckmesserei Anlass genug hat, sich gegen unbegründete Verdächtigungen abzuschirmen.

Das Wappen des Johann Valenin Andreae

Dass augenfällige Stilunterschiede zwischen den drei Schriften bestehen, wurde bereits gesagt, auch dass die Forschung sich für Johann Valentin Andreae als Autor der Niederschrift entschieden hat. Allein schon die Belege, die einst Hans Schick hierfür beigebracht hat, schließen einen oder mehrere Verfasser aus. Man muss freilich das eingangs geschilderte geistig-religiöse Klima und den Umkreis suchender, erkenntnisbeflissener, um ihre kirchliche Rechtgläubigkeit besorgter Menschen mitberücksichtigen, um die Rolle Andreaes als Urheber richtig einschätzen zu können.

»Und das ist der Sinn und Zweck der echten Rosenkreuzer-Schriften: die Gründung einer auserlesenen Bruderschaft, der in der Umgestaltung des mittelalterlichen Weltbildes die führende Rolle zugedacht war. Das neue Weltbild dieser Rosenkreuzer-Bruderschaft baute sich einerseits auf der lutherischen Reformation, andererseits auf dem neuen Erkenntnisbilde der modernen Wissenschaft auf und erstrebte eine Synthese von beiden. Es war der Versuch, eine Harmonie zwischen dem von Luther gereinigten Christentum und den Einsichten einer vertieften Naturbetrachtung herzustellen, den christlichen Glauben und die menschliche Allweisheit (Pansophie) in einem neuen Menschen- und Weltbild zusammenzufassen.«[33]

Zweifellos ein großer Traum, nicht nur der Traum eines Einzelnen, sondern eines ganzen Zeitalters, das mit dem Fanal der Verbrennung Giordano Brunos (gest. 1600) zumindest kalendarisch begann. Aber es bedurfte eines Einzelnen, eben J.V. Andreaes, um ihn – im Kreis von Geistesverwandten und Gleichgerichteten – zu träumen und diesen Traum in einer möglichst unverfänglichen Weise zu artikulieren. Und so verlaufen die äußeren Lebenslinien dieses Urhebers:

Johann Valentin Andreae entstammt einer zu seiner Zeit wohlbekannten, um nicht zu sagen berühmten württembergischen Theologenfamilie. Bekannter als der Vater Johann ist Jakob Andreae (1528 - 1590), der Großvater, einst Kanzler der Universität Tübingen und Mitautor der reformatorischen Konkordienformel von 1577. Als solcher hat er sich um die konfessionelle Einigung der Protestanten verdient gemacht. Er ist somit selbst ein Vertreter der lutherischen Rechtgläubigkeit, in der man auf die strikte Konformität mit dem reformatorischen Bekenntnis achtet und jede Abweichung streng ahndet. »Sein Bekenntnis zum Luthertum, sein Engagement in der späthumanistischen Kultur und seine soziale Position in der württembergischen Kirche jedenfalls hatte Valentin Andreae nicht wie zuvor sein Großvater erst erwerben müssen; sie waren entscheidend durch seine Familie vermittelt worden. Im Medium der Familientradition vollzog sich seine geistige Entwicklung vom umherschweifenden Studenten zum ehrbaren Kirchenmann.«[34]

Unter diesem Spannungsbogen ist Andreaes Lebensgang zu sehen, der mit seiner Geburt am 17. August 1586 in dem württembergischen Landstädtchen Herrenberg, unweit von Tübingen, begann. Er ist das fünfte von sieben Kindern. Der Vater Johann Andreae ist zu dieser Zeit lutherischer Pfarrer in Herrenberg. Johann Valentin ist erst knapp fünfzehn Jahre alt, als der Vater als (evangelischer) Abt von Königsbronn stirbt. Es wird berichtet, dass das Andreaesche Pfarrhaus in Herrenberg und auch in Königsbronn eine Stätte unbeschwerter Geselligkeit gewesen sei, zugleich eine »Schule der Frömmigkeit«, ein »Asyl der Betrübten« und ein »Hospital der Armen«. Familie und Elternhaus sind auch die Stätte, in der der wissbegierige, künstlerische und handwerklich interessierte Junge seine erste Unterweisung erhält. »Hier empfing er die entscheidenden Anregungen zu Beschäftigung mit Kunst und Wissenschaft, vor allem mit der Alchymie und Medizin, gleichzeitig wurde aber auch das ihm eigene kirchliche Verantwortungsbewusstsein und seine Idee der Verwirklichung eines praktischen Christentums im Elternhaus grundgelegt; was später folgte, vollzog sich im Rahmen dieser Voraussetzungen«, so urteilt Andreaes Biograph Richard van Dülmen.[35]

Nach dem frühen Tod des Vaters übersiedelt die Familie in die Universitätsstadt Tübingen. Der frühreife Fünfzehnjährige beginnt bereits mit ersten Universitätsstudien. Vorzügliche Lehrer, Professoren, die teilweise über umfangreiche Privatbibliotheken verfügen, sorgen für die Erweiterung seiner immer umfassender werdenden Bildung. Nichts, was »profane und geistliche Bildung« zu bieten haben, lässt der lesehungrige Student ungenossen. Von einem auf eine einzige Disziplin gerichteten Fachstudium, etwa der für einen Pfarrerssohn obligatorischen Theologie, kann bei dem jungen Andreae noch nicht die Rede sein.

> *Pansophie, eine umfassende Allweisheit zu erwerben, gehört noch zu den Bildungszielen der Zeit Andreaes.*

Pansophie, eine umfassende Allweisheit zu erwerben, gehört noch zu den Bildungszielen der Zeit. Diese Form der Weltanschauung blieb in mystischen Verbindungen bis zum heutigen Tag lebendig. Über alle ihm nur irgendwie zugänglichen Wissensgebiete macht er sich mit Feuereifer her. Zu den klassischen Sprachen des zukünftigen Geistlichen – Latein, Griechisch und Hebräisch – treten das Syrisch-Aramäische, sodann die neuen Sprachen Italienisch, Spanisch, auch das Englische. So lernt er wichtige Bildungsinhalte, dazu Dichtung und Literatur der Renaissance kennen, die er zum Teil in der Originalsprache liest. Musische, physikalische, mechanische

Pansophische Darstellung als Zeugnis des bis in die Gegenwart hinein wirksamen Einflusses der mystischen Rose mit neunundvierzig Blütenblättern (Henkelkreuzmann, 1925).

und *chymische* Fähigkeiten erwirbt er sich. Von Handwerkern lässt er sich auch in deren Schaffen einführen. So weiß er beispielsweise mit Hammer und Hobel fachgerecht umzugehen.

Es ist daran zu erinnern, dass Vater Andreae – offenbar mit sehr geringem Erfolg – alchymistischen Experimenten nachgegangen war, was der Haushaltskasse der Familie nicht gerade zuträglich gewesen sein soll. Frühzeitig zur Witwe geworden, hatte Mutter Andreae nicht geringe Mühe, ihre Kinderschar zu versorgen. Übergroße Sparsamkeit, ja Armut, prägen einen Menschen und machen ihn sensibel für die Nöte der »geringen Leute«. Das trifft auch für den späteren Pfarrer zu, als der Dreißigjährige Krieg ihm und seiner Gemeinde große Schäden zufügt. Und was die in zunehmenden Ansehen stehenden Naturwissenschaften anbelangt, so durfte sie der werdende Theologe nicht aussparen. Das Licht der Natur (lumen naturae) und das im umfassendsten christologischen Sinn zu verstehende Licht des Geistes korrespondieren miteinander. Noch standen die Schriften des Paracelsus, die echten und die angeblichen, in hohem Kurs. Auch orthodoxe Lutheraner, wie der von Andreae geschätzte Johann Arndt oder ein Jahrhundert nach ihm der Schwabe Friedrich Christoph Oetinger, konnten es sich nicht versagen, das vor aller Augen liegende *Buch der Natur* aufzublättern und sorgsam darin zu lesen. Hatte nicht auch der vom paracelsischem Geist angerührte Görlitzer Schuster Jakob Böhme seine »Aurora oder Morgenröte im Aufgang« mit den Worten intoniert: »So man aber will von Gott reden, so muss man fleißig erwägen die Kräfte in der Natur!«

Ein solches Wort steht für die Bewusstseinsart einer ganzen Epoche: Nicht abseits von Welt und Schöpfung wird Gott erfahren als die Tiefe und die Fülle des Seins, sondern in ihrer Mitte und Tiefe, vor allem in ihrer Dynamik! Ihr gibt sich der junge Andreae hin, und zwar, um aus der Gottes-, Welt- und Selbsterkenntnis heraus die in steter Wandlung begriffene Welt auf die ihm mögliche Weise mitzugestalten. Das ist nicht eine Aufgabe für einen Einzelnen. Er bedarf der Gefährten, der Brüder, die nicht etwa durch die Blutsbande miteinander verknüpft sind, sondern durch den Anruf eines Meisters und Lehrers, der diesen Brüdern gegebenenfalls in einem Orden, einer Fraternitas, bestimmte Aufgaben zuweist. Eine Ahnung beschleicht ihn, ein großer Traum, geträumt von einem Sechzehn-, Siebzehnjährigen, der sich in die Stoff-Fülle der vielen Wissensgebiete hineinarbeitet.

1603 erlangt Andreae den ersten akademischen Grad, er wird Bakkalaureus, zwei Jahre danach erhält er die Magisterwürde an der Tübinger Artistenfakultät. Damit sind die ersten Stufen an der Hohen Schule erklommen. Nun gedenkt er, auf dieser Basis aufbauend, Theologe zu werden. Schon wird er zu den ersten Predigten in verschiedenen Dorfkirchen der Nachbarschaft herangezogen. Da hören wir von einem Skandal, in den er zusammen mit etlichen Kommilitonen verwickelt worden sein soll. Um was es sich im Einzelnen handelt, können uns die Biographen nicht mit letzter Eindeutigkeit sagen – wohl ein Studentenulk, bei dem die Unbescholtenheit eines Mädchens in Zweifel gezogen wurde. Wobei die Dame die Tochter eines nicht sehr geschätzten württembergischen Kanzlers war. All das mag kaum mehr als Ausdruck einer überschäumenden Lebenslust gewesen sein, bei der »Frau Venus« so oder so im Spiele war. Hatte der Christian Rosenkreuz der *Chymischen Hochzeit* nicht jenen für ihn verhängnisvollen Blick in das »dreieckige« Grabmal eben jener »Frau Venus« getan, als sein Begleiter sagte: »Hier liegt Venus begraben, die schöne Frau, die so manchen hohen Mann um Glück, Ehr, Segen und Wohlfahrt gebracht hat«?

Kurzum, die Universitätsbehörde maßregelt den Studiosus streng und weist ihn von der Hochschule. Schon sieht es so aus, als sei ihm die beabsichtigte geistliche Laufbahn ein für allemal verbaut. Ohne den erforderlichen Abschluss zu haben, geht Andreae auf Reisen. Als Hauslehrer und Erzieher schlägt er sich durch. Es sind dies die Jahre zwischen 1607 und 1612. Sein Weg führt ihn in die Schweiz, nach Frankreich, Österreich und Italien. Zur inneren Unruhe, die ihn erfüllt, tritt die äußere Rastlosigkeit hinzu. Später gesteht er seinem Freund und Gönner Rudolf August von Braunschweig-Wolfenbüttel:

Mich hat immer und immer ein unbegreiflicher Geist getrieben,
mehr leisten und wissen zu wollen, als mir gut war,
und über dies hat mir die Enge der häuslichen Verhältnisse,
aus denen ich kam, früh Schwereres aufgeladen,
als meine Schultern tragen konnten,
und das ist mir mein Leben lang eine Last gewesen.

Andreae berichtet, wie er mit achtzehn Jahren junge Menschen habe erziehen müssen, die nur wenig jünger waren als er selbst. Um der Aufgabe gewachsen zu sein, habe er erst lernen müssen, sich selbst zu erziehen. Damit kommt das Element der eigenen Reifung ins Spiel. Juristerei und Medizin habe er zudem getrieben. Man glaubt sich bei solchen Geständnissen an Goethes Faust-Monolog erinnert. Viele Bibliotheken habe er durchforscht. Dann, nach etwa neun Jahren der erzieherischen Arbeit sei er endlich in das Pfarramt berufen worden, als Diakon, das heißt als zweiter Pfarrer nach Vaihingen an der Enz (1614 - 1620). Es ist die Zeit, in der er die erforderliche Muße fand zur schriftstellerischen Arbeit, ehe er leitender Pfarrer (Dekan) in Calw (1620 - 1638) wurde. Es ist die Zeit des Dreißigjährigen Krieges, als die kaiserlichen Truppen die Stadt verwüsteten und wodurch er – wie seine

Gemeinde – Hab und Gut verlor. Anstrengende Aufbauarbeit in jeder Hinsicht ist zu leisten. Schließlich ruft ihn der herzogliche Hof in das Amt der Kirchenleitung nach Stuttgart. Alles in allem seien es »vierzig Kämpferjahre« gewesen! Und Kämpferjahre mannigfacher Art waren es in der Tat, ehe er gegen Lebensende als Abt nach Adelberg bei Göppingen kam, wo er am 27. Juli 1654 verstarb.

Wohl stieg Andreaes äußere Lebenslinie auf bis zum Rang eines Hofpredigers und herzoglichen Konsistorialrats in Stuttgart, doch ist dieses Leben angefüllt mit großen Belastungen. Dazu kommt, dass er trotz des erstaunlichen Umfangs seines Wissens ein auf praktische Verwirklichung zielender Mensch war. Und wenn seine Leistungen von den Zeitgenossen auch weithin anerkannt wurden, so sah er sich doch oft Neidern und auch orthodoxen Verleumdern gegenüber. Die autobiographischen Aufzeichnungen berichten davon. Wieder und wieder sieht er sich veranlasst, persönliche Glaubensbekenntnisse abzulegen und die Echtheit seiner Bekenntnisaussagen zu beteuern. Dies erklärt sich aus der erwähnten allgemeinen Situation des konfessionalistischen Zeitalters. Ähnlich wie Andreae erging es auch einem als geistigen Menschen geschätzten Theologen wie dem bereits erwähnten Johann Arndt (1555 - 1621). Dessen »Vier Bücher vom wahren Christentum« (Erstveröffentlicht 1605), die zu den weit verbreiteten Erbauungsbüchern des Protestantismus gehören, schätzte Andreae so sehr, dass er von 1621 an wiederholt darauf Bezug nahm[36]. Weil aber Arndt dank seiner Vertiefung in die mystische und spiritualistische Tradition der Kirche bei allzu konfessionalistisch Gesinnten in Misskredit kam, färbte dies auch auf die Einschätzung Andreaes ab. Jede Äußerung, die über die Grenzen herkömmlicher Meinungen hinausging, bedurfte der Rechtfertigung. So trifft zu, wenn der württembergische Kirchenhistoriker Martin Brecht resümiert:

»Arndt und Andreae hatten versucht, den in der Kirche aufgebrochenen Schwierigkeiten und Herausforderungen durch eine Reform innerhalb des Systems zu begegnen, die die Kritik und die Vorstellungen des Spiritualismus teilweise aufnahm. Wie sich bereits gezeigt hat, war dies nicht ohne Erfolg geblieben, hatte aber auch Widerspruch hervorgerufen.«[37]

Hier liegt ein wesentlicher Grund dafür, dass er sich ausgerechnet von den literarischen Erzeugnissen seiner Jugend, eben von den rosenkreuzerischen Schriften, distanzierte. Dass ein Kreis gelehrter, vom Geist einer reformfreudigen Pansophie erfüllter Freunde in Tübingen dabei Pate gestanden hat, bleibt hierbei ungesagt. Die Tatsache, dass die Rosenkreuzer-Idee aus diesem Freundeskreis der Tübinger Studienjahre herausgewachsen war, ist nicht zu bestreiten. Man denke nur an den Juristen und Universitätsprofessor Christoph Besold, neun Jahre älter als Andreae. Er war ein Kenner beispielweise der utopischen Entwürfe des Italieners Campanella, also jenes Gedankens, der auch Andreaes Bestrebungen zugrunde lag. Im gleichen Zusammenhang ist der aus Nürnberg stammende Tobias Hess zu nennen, seines Zeichens ebenfalls Jurist, theologisch gebildet und erfolgreicher Arzt in der Nachfolge des Paracelsus. Andreae nennt Hess gelegentlich seinen Bruder, eben einen Bruder im Geiste des Bruders und Vaters Christian Rosenkreuz!

Bei dieser freundschaftlichen Verbundenheit handelt es sich offensichtlich um mehr als um eine nur akademische Kollegialität oder um fachliche Zusammenarbeit. Die Rosenkreuzer-Schriften stellen eher ein Dokument dar, durch das die geistig-geistliche Ausrichtung des Erstrebten gedeutet wird. Wenn er sich in der Folgezeit zu seinem Schutz und somit aus verständlichen Gründen über die Rosenkreuzerei lustig machte, dann muss man hinzunehmen, wie wichtig er ihr Thema als solches nahm. Er hielt auch später an seiner Idee eines christlichen Gemeinwesens fest. Denn Johann Valentin Andreae, der vorausschauende und doch stets auch das praktisch Machbare angreifende Sozialpädagoge wird zum Verfasser der ersten protestantischen Sozialutopie überhaupt! Das trifft zu, auch wenn er nicht gerade als ein Sozialreformer anzusehen ist. Die konfessionellen Begrenzungen setzten auch ihm ein streng einzuhaltendes Limit.

Tiefen Eindruck hat ihm sein Aufenthalt in Genf gemacht, das Johannes Calvin einst zu einer Art protestantischem Gottesstaat ausgebaut hatte. Den jungen Lutheraner beeindruckte dies. Und noch in dem selben Jahr 1619, in dem er seine Schrift »Turris Babel« hinausgehen lässt, gibt er zu Protokoll: »Wohlan, ihr Sterblichen, ihr dürft auf keine Brüderschaft mehr warten. Die Komödie ist aus!« Dafür lässt er eine neue utopische Schrift durch die Presse gehen. Sie trägt den bezeichnenden Titel »Christianopolis«[38], Christenstadt, und erscheint wie die *Chymische Hochzeit* in Straßburg. Zweifellos hat der Autor von seinen Vorgängern Thomas Morus (»Utopia«, 1516) und Tommaso Campanella (»Civitas solis«, Sonnenstaat, seit 1612 in Deutschland bekannt) gelernt[39]. Bemerkenswert ist aber doch, dass nun erstmals ein Lutheraner eine Sozialutopie verfasst, statt sich, wie üblich, an eine enge Auslegung der lutherischen »Zwei-Reiche-Lehre« zu halten, nach der sich der Theologe um eine politisch-gesellschaftliche Reform recht wenig zu kümmern habe. Da gelten andere Gesetze, das Gesetz schlechthin; während dem Prediger und Seelsorger in erster Linie die Verkündigung des

Evangeliums aufgetragen sei. Nicht so in der Anschauung des Schwaben Andreae! Schon in seiner Schrift *Turris Babel* kommt er zu dem Resultat: »Wie ich die Gesellschaft der Brüderschaft zwar fahren lasse, so doch niemals die wahre christliche Brüderschaft, welche unter dem Kreuz nach Rosen duftet.«[40]

Wie bedeutsam ist diese Formulierung! Nicht einmal auf das rosenkreuzerische Symbolum von Kreuz und Rose will Andreae als Pionier einer zu schaffenden *Societas Christiana* verzichten! Das Bild jener Christenstadt, das der Autor der Manifeste enthüllt und an dem er einen Kreis von Gesinnungsfreunden und Interessenten teilnehmen lässt, die uns zum Teil namentlich bekannt sind, bedeutet keine Preisgabe des ursprünglichen rosenkreuzerischen Ansatzes, sondern eher dessen konsequente Fortführung und Konkretisierung des Jugendtraums. Und auch an geistig-geistlichen Gewährsleuten fehlt es Andreae natürlich nicht. Einer von ihnen ist der wiederholt genannte Theologe Johann Arndt, den Will-Erich Peuckert gelegentlich einen halben Rosenkreuzer genannt hat. Verstehen kann man darunter einen Menschen, der in der Weise in der Tradition des Rosenkreuzes steht, dass er einerseits auf dem Boden der lutherischen Reformation in einer engen Christus-Verbundenheit gegründet ist, sich gleichzeitig auch im Sinne des Paracelsus in das *Buch der Natur* vertieft und so eine mystisch-kosmische Spiritualität pflegt.[41]

Bei nüchterner Betrachtung und Einschätzung dessen, was sich Andreae als Utopist erträumt hat, blieb er einer strikten, ja ethisch rigorosen lutherischen Orthodoxie verhaftet. Das zeigt sich beispielsweise darin, dass das geistige Leben gemäß Andreaes Entwurf in der Christenstadt (Christianopolis) – analog zum Gottesstaat calvinischer Prägung – ohne Zensur

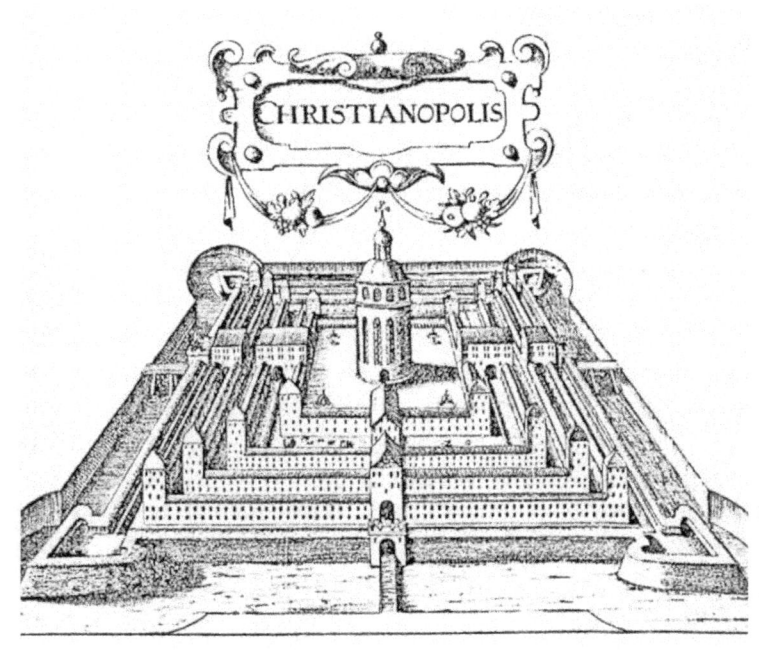

Christianopolis: Andreaes Utopie von der idealen menschlichen Gemeinschaft, angelehnt an Platons Staat und die apokalyptische Vorstellung des Neuen Jerusalems als vollkommenen Gottesstaat.

und Bespitzelung nicht auskommt, sodass von Zügen der Unfreiheit und Enge gesprochen werden muss. Dies entspricht dem kirchlichen Zeitgeist des 17. Jahrhundert, auch wenn reformatorische Ansprüche erhoben werden, die andere zur Nacheiferung anregen.

Und als sich im Jahr 1628 der bekannte Pädagoge und Humanist, der letzte Bischof der böhmischen Brüdergemeinde Johann Amos Comenius (Jan Komenský, 1592 - 1670) an den etwa sechs Jahre älteren Andreae wendet[42], um sich für sein eigenes Schaffen inspirieren zu lassen, da erhält er von ihm die briefliche Antwort: »Wir waren eine Anzahl Männer, Männer von Gewicht, die wir uns nach dem Blendwerk mit der leeren *Fama* vor ungefähr acht Jahren hierin zusammentaten, und es waren noch mehr bereit, beizutreten, als die Unruhen in Deutschland ausbrachen und uns fast zerstreuten. (...) Mein Ziel war, Christum wieder an seinen Ort zu stellen, nachdem ich die alten religiösen wie literarischen Götzenbilder zerbrach. (...) Die gute Sache lässt alle Völker als Genossen zu, besonders diejenigen, welche das christliche Exil mit uns vereinigt.«[43]

Man sieht, »die Sache«, die im Zeichen des Rosenkreuzes steht, und ein immer stärkeres christlich-ökumenisches Gepräge erhält, wird im Sinne einer tätigen Christusnachfolge aufrecht erhalten. Es wird weitergepflegt, obwohl der Kreis der Freunde in den Wirren des Krieges zusammenschmilzt und Andreaes praktische karitative Arbeit in Calw leistet, als die Stadt von der Walze der Zerstörung überrollt wird. Nimmt man dies alles zusammen,

> *Sinn und Zweck aller Bemühungen Andreaes waren von Anfang an die Reformation des Christentums und die Herbeiführung einer Harmonie von Glauben und Wissen.*

dann lässt sich in Übereinstimmung mit der Forschung sagen, dass Andreaes Bemühungen um eine tiefgreifende gesellschaftliche und sozialpädagogische Erneuerung bereits in den Rosenkreuzerschriften des jungen Tübinger Studenten zugrunde liegen, wenngleich das Intendierte noch poetisch-traumhafte Züge trägt. Daran ändert der pansophische Einschlag nichts, denn an der Reformation und an einem vertieften Bibelverständnis orientierten sich bereits diese Texte, nicht zuletzt unter Einbezug der bereits hervorgehobenen paracelsischen Naturanschauung.

Mit anderen Worten: »Sinn und Zweck aller Bemühungen Andreaes waren von Anfang an die Reformation des Christentums und die Herbeiführung einer Harmonie von Glauben und Wissen. Erst als er gewahrt, dass seine Leser auf Äußerlichkeiten den größten Wert legen und echte Pansophie so gründlich missverstehen, sieht er seinen Versuch kläglich scheitern, erklärt schamvoll die *Fama* für ein leeres Gaukelspiel und bemüht sich nun, den Schaden gutzumachen, indem er den Suchenden und Verirrten einen besseren Weg weist, nämlich den Weg zu einem vertieften praktischen Christentum.«[44]

Und was Comenius anbelangt, so gingen seine ebenfalls durch die Kriegswirren hindurch getragenen Intentionen letztlich in die gleiche Richtung. Jedenfalls sah er seine Bestrebungen und die der Böhmischen Brüderunität im engen Zusammenhang mit denen der Tübinger Freunde. Ja, er erblickte in der von ihm geleiteten Bruderschaft die erste tatsächlich existierende Fraternitas Roseae Crucis! Das geht aus dem Text hervor, den er gegen Ende seines Lebens in der Schrift »Clamores Eliae« teils in tschechischer, teils in lateinischer Sprache niederschrieb:

»Möge es Gott geben, dass der Welt dieses große Licht bei uns (in Böhmen) angezündet werde und dass eben dieses Licht von dort hinausginge, um eine neue, wirklich universelle und philadelphische (bruderschaftliche) Kirche zu gründen – könnte dies nicht ein Spiel der göttlichen Weisheit sein, dessen Vorspiel die Fraternität des Rosenkreuz vor einem halben Jahrhundert war?«[45]

Ungenannt knüpfte Comenius an eine bereits bestehende auf religiös-gesellschaftliche Erneuerung ausgerichtete Tradition an, denkt man an den kirchenkritischen Prager Prediger und Reformator Jan Hus im 15. oder an den nicht minder entschiedenen, geistvollen Kontrahenten Luthers, Thomas Müntzer, an, die mit ihren Bestrebungen beide der kirchlichen wie der politischen Gewalt zum Opfer fielen, als sie für Böhmens Reformation eintraten. Wörtlich heißt es in Müntzers Prager Manifest von 1521: »In eurem Lande (allerliebste Böhmen) wird die neue apostolische Kirche angehen, danach überall[46].« So lassen sich die rosenkreuzerischen Manifeste bald als Vorspiel, bald als Nachspiel dessen auffassen, das zu jeder Zeit nach angemessener Verwirklichung verlangt.

Das Rosenkreuz

Mir wächst im Herzen himmelwärts
Ein blütenreicher Baum
Der füllet meiner Seele Raum
— So holde.

Es wartet seiner still mein Herz
Und hütet am geheimen Platz
Gar sorglich seinen schönen Schatz
— Aus Golde.

O neige Du, der alles schaut,
Dich gütig meinem Bäumelein
In seinem tief verborg'nen Schrein
— Voll Gnaden.

Du hast den Keim mir anvertraut,
Nun halt' den Segen Du bereit,
Fruchtschwer sei er zur Erntezeit
— Beladen!

Frater E. Farrow, 1910

Christian Rosenkreuz und
das rosenkreuzerische Christentum

Es wurde darauf hingewiesen, dass der publizierfreudige Andreae seine Anliegen und Absichten, »nicht auf dem Weg theoretischer Abhandlungen, sondern seiner pädagogischen wie dichterischen Begabung entsprechend vornehmlich durch das Medium spielerischer Träume und Bilder« vermittelt hat.[47] Scherz und Satire, Spiel und Posse dienten ihm demnach in mehreren Schriften als Mittel, um Missstände in der Gesellschaft, somit auch im kirchlichen Leben aufzudecken und Reformen anzuregen. Die genannten Schriften sind zweifellos in dem großen Kontext des Gesamtwerks und der literarischen Gepflogenheiten ihres Autors zu sehen. Doch die »Sache« als solche, die Andreae als engagierter Christ und Theologe lebenslang verfolgt hat, ist ihm alles andere als eine bloße »Posse«. Sie bleibt vielmehr sein großes Thema, auch wenn sich zeigt, dass die Art der Darstellung mit der Sache selbst verwechselt wird, namentlich von oberflächlichen Lesern.

Wenn andererseits die Gleichung aufgestellt wurde: Christian Rosenkreuz, das ist letztlich kein anderer als der fabulier- und konstruierfreudige junge Andreae selbst; die Fraternitas R.C., das sei lediglich eine Überhöhung jenes Tübinger Freundeskreises, dann scheinen die biographischen und historischen Belege diese Annahme zwar zu stützen. Doch damit ist noch lange nicht alles gesagt

Die immer wieder, auch schon in Luthers Zeiten propagierte Generalreformation »an Haupt und Gliedern« entspricht

Die Rose im Wappen des Martin Luther

offensichtlich einer wiederkehrenden Zeitforderung. Erneuerungsbedürftigkeit ist zu jeder Zeit ein aktuelles Thema! Das Gleiche gilt für die »Sehnsucht nach einer undoktrinären, freien christlichen Bruderschaft« (R. van Dülmen). Sie bringt sich bereits im Evangelium zur Sprache als Hoffnung auf das »Reich der Himmel« oder, in einem säkularen Gewand, als die Erwartung einer »klassenlosen Gesellschaft« auf einer »neuen Erde«, in der Liebe und Gerechtigkeit unter den Menschen wohnt. Berücksichtigt man, welch eine ungeheure geistig-seelische Dynamik von diesem Archetypus des noch ausstehenden »Reiches« im Laufe der Menschheitsgeschichte ausgegangen ist, welche Energien er freigesetzt, aber auch welche Opfer er gefordert hat, dann wird der überpersönliche, ebenfalls archetypische Aspekt der Christian Rosenkreuz-Gestalt deutlich. Dass sich einige individuelle Züge Andreaes und seiner für das Utopische aufgeschlossenen Tübinger Freunde in der Figur des R.C. spiegeln, mag zugestanden werden. Im Ganzen gesehen aber handelt es sich um eine spirituelle Führergestalt, und zwar eine solche, die die Reformatoren des 16. Jahrhunderts – etwa die in den Texten erwähnten Martin Luther und Paracelsus – in sich vereinigt.

Es ist eine Gestalt, die – echt pansophisch – im »Licht der Natur« *und* im »Licht des Geistes« steht. Einer konkreten personalen Verkörperung zu einem historisch datierbaren Zeitpunkt ist sie – wie schon ausgeführt – gar nicht bedürftig, daher auch der mythisch-märchenhafte Duktus der rosenkreuzerischen Manifestation. Im Doppelsymbol von Kreuz und Rose hat sie ihren Ausdruck gefunden. Es ist im übrigen kein Zufall, dass in dem von der Andreae-Familie übernommenen Zentralmotiv aus dem Wappen Martin Luthers Kreuz und Rose vereinigt sind, etwa gemäß dem Wort:

Des Christen Herz auf Rosen geht,
Wenns mitten unterm Kreuze steht.

Damit befinden wir uns im Zentrum der christlichen Esoterik. Denn »im Rosenkreuz ist jenes Symbolum ausgedrückt, jenes Ersterben des Niederen, und daraus hervorsprießend die Auferstehung des Höheren in den Rosen. (...) Die Rosen, die aus dem Grün erwachsen, sind ein Symbol des Sieges des Ewigen über das Zeitliche«[48]. Damit ist auf das geistig-geistliche Zentrum eines rosenkreuzerisch orientierten Christentums hingewiesen, in dem zur individuellen, auf die Erneuerung des Menschen bezogenen Dimension noch eine irdisch-überirdische hinzukommt. Die mystische Hochzeit wird durch eine, die materiellen Bereiche von Natur und Schöpfung einbeziehende *chymische* Hochzeit ergänzt. Daraus kann und soll eine Gesinnung erwachsen, die nicht nur auf die volle Menschwerdung des individuellen Menschen samt seiner Gemeinschaft achtet, sondern gleichzeitig Ehrfurcht vor dem Leben in all seinen Erscheinungsformen, vor allem in der Schutzbedürftigkeit alles Geschöpflichen erweist. Letztlich ist das mit den Naturerscheinungen *ausgesprochene Wort Gottes* (Böhme) zugleich *der Gottheit lebendiges* Kleid (Goethe). Oder auf den kosmischen Christus bezogen mit den Versen aus den Geistlichen Liedern des Novalis:

ER ist der Stern, ER ist die Sonn,
ER ist des ew'gen Lebens Bronn.
Aus Kraut und Stein und Meer und Licht
Schimmert sein kindlich Angesicht.

Ein anderer Aspekt rosenkreuzerischer Spiritualität ist ein initiatischer, das heißt, er bezieht sich auf den Menschen als jemanden, der *sich selbst* verändern lassen muss, wenn er die

Welt reformierend verändern will. Seine Legitimation zur Weltveränderung erlangt der Veränderer im Grunde erst durch eine Initiation. Und *initium* (Anfang) meint den Antritt eines Wegs, der *innen* zu beginnen hat und insofern esoterischer Natur ist. Durch die mantramartige Formel aus der *Fama Fraternitatis* kommt sie zur Sprache. Geprägte Worte dieser Art wenden sich nicht allein an die Reflexion und an eine etwaige theologische Ausdeutung. Vielmehr leiten sie in dieser Gestalt zur Meditation an, dass man sich Mal um Mal mit dem einverwobenen Sinngehalt existentiell verbindet, denn: Aus Gott sind wir geboren, in Jesu sterben wir, durch den Heiligen Geist werden wir wiedergeboren.«

Von daher muss auch der exoterische, in die Praxis umzusetzende Impuls empfangen und zur Tat werden, indem man im verantwortlichen, pfleglichen Umgang mit der Schöpfung und ihren Ressourcen die jeweils erforderlichen Konsequenzen zieht. Denn letztlich gilt: »Zur Bildung der Erde sind wir berufen« (Novalis).

Seine Legitimation zur Weltveränderung erlangt der Veränderer im Grunde erst durch eine Initiation.

Diese esoterisch-exoterische Note kennzeichnet das hier gemeinte rosenkreuzerische Christentum. Oder um es mit Alfons Rosenberg (1902 - 1985), dem als aus dem Judentum kommenden ökumenischen Christen, zusammenzufassen:

»Wenn auch die Rosenkreuzer-Bewegung nicht zu einer echten Ordensgemeinschaft wurde, so ist doch die Nachwirkung ihrer Ideen nicht zu übersehen. Sie sind Antwort und Lösung auch für die Probleme der heutigen Zeit. Sie verbinden uraltes Wissen um die Geheimnisse der Welt mit wissenschaftlicher Erkenntnis und dem christlichen Glauben und führen so alles Erkennen auf die eine, die einzig mögliche

Wurzel zurück, auf Gott. Denn Andreae war mit Recht davon überzeugt, und das gilt auch heute noch: Wer das Buch der Welt andächtig liest, wird den Schriftzügen Gottes folgen und wird dadurch, ohne sich so zu nennen, ein wahrer Rosenkreuzer[49].« Damit ist ein Wink gegeben, der zu einem Exkurs anregt. Denn abschließend soll von der Weise gesprochen werden, wie Rudolf Steiner eine Umsetzung des Rosenkreuzerischen in Angriff nahm.

Vom Fortgang der Rosenkreuzer-Forschung

Ähnlich wie schon nach dem erstem Erscheinen der Manifeste übt die rosenkreuzerische Idee eine große Faszination auf suchende Menschen aus. Doch dann gehen die Wege nicht selten auseinander. Die einen sind bemüht, sich mit einer Gemeinschaft zu verbinden, deren Mitglieder in irgendeiner Weise Rosenkreuzer sein wollen, indem sie Anschluss an die zugrunde liegende Geistesströmung erstreben. Sektiererische Tendenzen lassen sich nicht immer ausschließen. Aber unabhängig davon besteht andererseits das Bedürfnis nach Klärung und Deutung der Urschriften sowie ihrer geistesgeschichtlichen Zusammenhänge und Wirkung. Es liegt im Wesen jeder Forschung, so auch der diesbezüglichen, dass je nach Ansatz und Zielsetzung Divergenzen auftauchen. Von einigen aus dem deutschen, englischen, französischen und niederländischen Sprachraum ist im Folgenden umrisshaft zu sprechen.

Ähnlich wie schon nach dem erstem Erscheinen der Manifeste übt die rosenkreuzerische Idee eine große Faszination auf suchende Menschen aus.

Das zu bearbeitende Forschungsfeld als solches ist weitläufig und vielschichtig zugleich. Bis in das 20. Jahrhundert hinein waren noch elementare Fragen offen, wenn man bedenkt, dass beispielsweise eine historisch-kritische Edition der Werke Andreaes erst unlängst in Angriff genommen wurde.[50] Ähnliches trifft für die Sichtung des Briefwechsels zu, soweit er in der Herzog-August-Bibliothek in Wolfenbüttel liegt.

Schon von daher erklärt sich, wie lange man neben einer begrenzten Faktenkenntnis auf mancherlei Annahmen angewiesen war, zumal Andreaes Bibliothek und Archiv bei dem Brand der Stadt Calw im Kriegsjahr 1634 vernichtet worden war. Im übrigen waren die Briefschaften aus der Folgezeit überaus umfangreich. Man spricht davon, dass Andreae noch in späteren Jahren pro Jahr ungefähr 1000 Briefe verfasst habe. Der württembergische Kirchenhistoriker Martin Brecht, der ab 1999 in Wolfenbüttel Nachforschungen anstellte, weist darauf hin, dass bereits die vorhandene Korrespondenz eine annähernde Vorstellung von der Bedeutung ermöglicht, die das erhaltene Material in der damaligen lutherischen Kirche und in der gelehrten Welt gewonnen hat[51]. Zusätzliche Aufschlüsse ergeben sich aus der Bibliographie, die der unter anderen Prämissen arbeitende Rosenkreuz-Forscher John Warwick Montogmery zusammentrug.[52]

Sektiererische Tendenzen lassen sich nicht immer ausschließen.

Unbestritten ist die von der Mehrheit der Forscher vertretene Überzeugung, dass die rosenkreuzerische Idee und deren publizistische Verbreitung von dem Tübinger Kreis um Andreae ausging. Das hinderte manche, auf ihrem Gebiet durchaus verdienstvolle Geistesgeschichtler nicht, andere Akzente zu setzen. Das trifft beispielsweise für die Engländerin Frances A. Yates zu, die dem am Anfang des Dreißigjährigen Kriegs gescheiterten »Winterkönig« Friedrich III. von der Pfalz eine führende Rolle beimisst[53]. Unter Berücksichtigung ihrer ausgedehnten Untersuchungen zur Renaissance-Philosophie neigt sie dazu, die rosenkreuzerischen Bestrebungen mit der okkulten Philosophie im Elisabethanischen Zeitalters zu identifizieren und dabei ihrem Landsmann, dem englischen Okkultisten John Dee (1526 - 1608), maßgebliche Einflussnahmen zuzuweisen, zumal dieser auch auf dem Kontinent (z.B. am Hof Rudolf II. in Prag) tätig war.[54] J.W. Montgomery bleibt es dagegen vorbehalten, Andreae eine aktive Beteiligung an der Entstehung des Rosenkreuzertums abzuerkennen, da er ein völlig orthodoxer Lutheraner gewesen und sein in gleichem Zusammenhang wichtiger Freund Besold zum Katholizismus konvertiert sei. Demnach liegen die Anschauungen selbst bei ernst zu nehmenden Wissenschaftlern bisweilen weit auseinander. Wie kaum anders zu erwarten, sind die Arbeitsergebnisse derartiger Forschungen samt deren Bewertung im Fluss, auch wenn sie unter gegebenen Prämissen durchaus als schlüssig erscheinen. »Während den Thesen von Montgomery und besonders von Yates auch im deutschen Sprachraum unerwarteter Erfolg beschieden war, haben ab 1977 Richard van Dülmen, Martin Brecht, Roland Edighoffer und auch der Vortragende (Carlos Gilly) selbst durch das eingehende Studium von Andreaes Werk und aufgrund von neuen dokumentarischen Funden über seinen Tübinger Freundeskreis die Erforschung des Ursprungs und der Autorschaft der Manifeste der Rosenkreuzer endlich auf einen gesicherten historischen Boden zurückgeführt.«[55] Auf einem anderen Blatt liegen naturgemäß Vorstellungen, wie sie in Einzelnen rosenkreuzerisch sich nennenden Organisationen vertreten werden, vor allem wenn zusätzliche Lehrmeinungen zur Geltung gebracht werden.[56]

Was Edighoffer, Gilly und andere anlangt, so ist hierbei auf die im Verbund mit der von Joost R. Ritman begründeten Bibliotheca Philosophica Hermetica in Amsterdam zu verweisen. Wie bekannt, verfügten die Niederlande im 17. Jahrhundert über eine respektable Tradition, was die Pflege hermetischer und theosophischer Literatur anbelangt. Man denke nur an die Erstveröffentlichung der Werke Jakob Böhmes, an

Amos Comenius' letzte Wirkenszeit in Amsterdam und eben auch an das ausgeprägte Verständnis für rosenkreuzerische Bestrebungen. Auch ein Jahrhundert später stand Friedrich Christoph Oetinger (1702 - 1782) mit holländischen Rosenkreuzern in Verbindung.

Im Jahr 1984 trat nach langer Vorbereitungszeit J.R. Ritman mit seiner zweifellos einzigartigen Bibliothek an die Öffentlichkeit. Ihrem Stifter und seiner Mitarbeiterschaft geht es darum, die große Geistestradition der Hermetik, der Gnosis, der in der Nachfolge Böhmes gepflegten Theosophie, in ihrem Gefolge das Quellenschriftum der Rosenkreuzer und verwandter Strömungen zu sammeln und in Ausstellungen darzubieten. Das geschah zusammen mit internen Studien und Publikationen. Hier war man bestrebt, die Arbeitsergebnisse wiederum der internationalen Forschung zugänglich zu machen. Auch die – zusammen mit dem im Jahr 2000 in Görlitz begründeten Internationalen Jakob Böhme Institut – erbrachten Erträge zur Edition und Interpretation der Werke Böhmes verdienen, an dieser Stelle genannt zu werden[57]. Die Arbeit erfolgt ferner in engem Zusammenwirken mit der Herzog-August-Bibliothek in Wolfenbüttel. Das kommt nicht zuletzt dadurch zum Ausdruck, dass Symposien und Ausstellungen verwandter Zielsetzungen teils dort, teils in Amsterdam erfolgen. Laut J.R. Ritmans Auskunft (2002) birgt seine Bibliothek rund 17.500 Schriften. Aus der Zeit zwischen 1600 und 1654 sind es circa 200 Originaldrucke. Damit verfügt die Bibliotheca Philosophica Hermetica über den größten Bestand an Rosenkreuzer-Schriften in der Welt! Und die stehen aus nahe liegenden Gründen nicht für sich isoliert da. Zusammen mit Werkausgaben von Heinrich Seuse, Paracelsus, Pico della Mirandola, Campanella, Jakob Böhme und anderen Texten handelt es sich um repräsentative Dokumente der hermetischen Überlieferung. Nicht minder bedeutsam ist die Forschungsarbeit, die an Ort und Stelle in enger Verbundenheit mit Gelehrten in aller Welt geleistet wird.

Im gleichen Zusammenhang ist an diverse Ausstellungen samt deren erläuternden Katalogen zu erinnern. So liegen von der Amsterdamer Bibliothek und dem ihm angeschlossenen Verlag In de Pelikaan, allein was das hier besprochene Thema betrifft, mehrere Bände vor. Speziell zu nennen sind die Titel »Das Erbe des Christen Rosenkreuz« (1988); »Adam Haslmayr – Der erste Verkünder der Manifeste der Rosenkreuzer« (1994); »Rosenkreuz als europäisches Phänomen im 17. Jahrhundert« (2002) vor, dazu der Katalog »Cimelia Rhodostaurotica« (1995), in dem die Rosenkreuzer im Spiegel der zwischen 1610 und 1620 entstandenen Handschriften und Drucke vorgestellt sind. Mit einem Satz: J.R. Ritmans Bibliotheca Philosophica Hermetica und das von ihm zusammengerufene Forscher-Gremium sind auf weltweiter Ebene aus der Geschichte der Rosenkreuzer-Forschung nicht mehr wegzudenken.

Vier sind der Wege, die dir der Bräutigam durch uns zur Wahl bietet; auf ihnen allen magst du zum Königsschloss gelangen, doch nur, wenn du nicht abirrst. Der erste ist kurz, aber gefahrvoll, denn er ist voller Klippen, an denen du leicht zerschellen magst. Der zweite ist länger, weil er Umwege macht, aber durchaus nicht abseits führt; er ist eben leicht, vorausgesetzt, dass du mit Hilfe des Kompasses dich weder nach links noch nach rechts ablenken lässt. Der dritte ist wahrhaftig die königliche Straße, denn er ergötzt dein Herz durch allerlei königliche Freuden und Schauspiele. Allein, er ist bis auf diesen Tag kaum einem unter Tausenden geglückt. Auf dem vierten ist es keinem der Sterblichen vergönnt zum Ziel zu gelangen, denn er hat verzehrende Kraft und ist nur unzerstörbaren Leibern bekömmlich.

Chymische Hochzeit des Christian Rosenkreuz
in einer Übersetzung von Rudolf Steiner

Das Rosenkreuzertum im Werk Rudolf Steiners – Ein Exkurs[58]

Die rosenkreuzerische Idee und die Gestalt des Christian Rosenkreuz nimmt in der Anthroposophie Rudolf Steiners insofern eine wichtige Stellung ein, als damit Wesentliches über Steiners Intentionen und über die Aufgabe eines »Christentums der Zukunft« im Sinne Steiners ausgesagt werden soll. Bei einer biographisch-historischen Betrachtung wird es darum gehen, den Werdegang dieser Idee in der Gedankenentwicklung Steiners zu markieren und die dabei sich ergebenden Wandlungen sichtbar zu machen. Dies ist um so mehr angezeigt, als Steiner darauf bestand, sich in seinem Leben nicht sonderlich gewandelt zu haben.[59] Seine tatsächliche Biographie bestätigt diese Behauptung aber kaum.[60] Kein Wunder: Ist doch die Wandlung ein konstituierendes Element des Menschseins überhaupt!

Zeitlich handelt es sich bei seinem wesentlichen Werk um die zweieinhalb Jahrzehnte vom Jahrhundert-Anfang bis zu seinem Tod 1925. Abgesehen von seinen vornehmlich philosophischen Studien in den achtziger und neunziger Jahren des 19. Jahrhunderts geht es demnach um den für die Ausformung der Anthropcsohischen Gesellschaft bedeutsamen Lebensabschnitt, in dem die Grundlagen für die »anthroposophisch orientierte Geisteswissenschaft« auszuarbeiten waren. Das geschah in der Jahren zwischen 1902 und 1912/13, das heißt im organisatorischen Rahmen der von Helena Petrovna Blavatsky (1831 - 1891) begründeten und nach deren Tod von Annie Besant (1847 - 1933) geführten Theosophical

Society[61], dessen deutsche Sektion er als Generalsekretär ein Jahrzehnt lang leitete.

Als Haupt der 1912 begründeten Anthroposophischen Gesellschaft verfolgte er in diesem ersten Jahrzehnt seiner Tätigkeit eine Doppelstrategie: Äußerlich vertrat er »Theosophie« im Sinne jener Bewegung, unter deren Flagge sich seine ausgedehnte publizistische Tätigkeit als geisteswissenschaftlicher Lehrer in Deutschland und darüber hinaus erstreckte. Inhaltlich legte er aber großen Wert auf die Feststellung, nicht diese anglo-indische, in Adyar ansässige, in der Hauptsache an Blavatsky und an der östlichen Tradition orientierte Geistigkeit zu vertreten. Jedenfalls wollte er nicht von ihr abhängig, sondern der westlichen Überlieferung verpflichtet sein. Er meinte jene Philosophie, wie sie einerseits von der deutschen Mystik, andererseits von der idealistischen Philosophie Fichtes, Hegels, Schellings und des sogenannten Goetheanismus vertreten wurde. Steiner hatte Anlass zu betonen, dass er nicht das Ideengut jener nach Osten gerichteten Theosophen kolportierte, sondern aus eigenen Erkenntnisquellen schöpfte. Dabei ging es ihm um eine Anknüpfung und Fortführung jener christlich-abendländischen Theosophie, wie sie insbesondere in der Nachfolge Jakob Böhmes das geistig-geistliche Leben auf dem Kontinent über Jahrhunderte befruchtete hatte.[62] Auf einem anderen Blatt steht, auf welche Weise er darüber hinaus jenes theosophisches Gedankengut östlicher Prägung benutzte, beziehungsweise interpretierte.[63] Wie sein gegen Ende des 19. Jahrhunderts entfaltetes Frühwerk ausweist, verstand er sich primär als Goethe-Forscher und Philosoph. Nach der Jahrhundertwende stellte er sich als Okkultist in den Dienst der Anthroposophie, das heißt er wollte als ein mit einem geistigen Schau-Vermögen ausgestatteter Esoteriker angesehen werden, der sich über dieses übersinnliche Schauen Rechenschaft zu geben suchte und der seine Zuhörer zu einer kritischen Prüfung des jeweils Dargebotenen aufrief.

Wie schwierig die erwähnte Doppelstrategie von ihm durchzuführen war, zeigt eine Durchsicht seiner frühen Vorträge. In ihnen bedient er sich nicht nur theosophischer Termini, um beispielsweise kosmologische oder anthropologische Aussagen zu machen. Er beruft sich zitatweise wie auch indirekt vielfach auf H.P. Blavatsky sowie auf eine Reihe anderer Autoren ihrer Geisteshaltung. Von ihnen distanzierte er sich im Laufe der Zeit mehr und mehr. Außenstehende Betrachter, die auf eventuelle Abhängigkeiten im Steinerschen Frühwerk (das heißt vor seiner Trennung von der Adyar-Theosophie) achten, werden alsbald fündig.[64] In der Tat bekommt man den Eindruck, er stimme vor allem H.P. Blavatsky weithin zu und erblicke in Annie Besant eine Persönlichkeit, die er »zu den bedeutendsten spirituellen Kräften der Gegenwart« (1904) zählte.[65] Das sollte sich ändern. Theosophisches Schrifttum interpretierte er (z.B. »Die Stimme der Stille« von Blavatsky oder »Licht auf dem Weg« von Mabel Collins), um diese Texte seiner esoterischen Schülerschaft zur Meditation zu empfehlen.[66] Die in diesen frühen Texten häufig anzutreffenden Bezugnahmen auf »Blavatskys Geheimlehre« (Secret Doctrine, 1888) erklären die Herausgeber seiner Werke damit, dass Steiner von seinen Anhängern um Erläuterungen gebeten worden sei und somit lediglich auf an ihn gerichtete Fragen geantwortet habe. Tatsächlich erwecken nicht wenige Vorträge vor 1912 den Eindruck, als handle es sich um Referate aus theosophischem Schrifttum, mit dem der Vortragende seine eigenen Anschauungen verbindet.[67] Zwar ist Steiners gleichzeitige Bezugnahme auf eine der mitteleuropäischen Geistestradition verpflichteten Esoterik nicht zu bestreiten. Es kommt aber seinen ersten Lesern entgegen, indem er bereits durch die Titelgebung einiger seiner Hauptwerke wie »Theosophie« (1904) oder »Die Geheimwissenschaft im Umriss« (1910) Anklänge an jene theosophischen Zusammenhänge laut werden lässt.

Der Name Christian Rosenkreuz bot die Möglichkeit, eine westliche Inspirationsquelle zu bezeichnen, der sich Rudolf Steiner selbst verpflichtet fühlte.

Ein wichtiges Unterscheidungsmerkmal zwischen seiner Anthroposophie und der von Annie Besant repräsentierten Theosophie stellt nun zweifellos das Rosenkreuzertum dar. Beriefen sich H.P. Blavatsky und ihre Anhänger auf sogenannte spirituelle Meister des Ostens, von denen sie Inspirationen und ominöse Meisterbriefe empfangen haben wollten. Der Name Christian Rosenkreuz bot die Möglichkeit, eine westliche Inspirationsquelle zu bezeichnen, der sich Rudolf Steiner selbst verpflichtet fühlte. Mit welchem Tenor Steiner diese Gestalt seinen esoterischen Schülern vorzustellen beliebte, geht unter anderem aus den 1911 in Neuchâtel gehaltenen Vorträgen hervor. Da heißt es anlässlich der Einweihung eines dem Christian Rosenkreuz gewidmeten theosophischen bzw. anthroposophischen Zweiges: »Wir erkennen Christian Rosenkreuz am besten, wenn wir uns so recht in seine Individualität vertiefen und uns bewusst werden, dass der Geist dieses Christian Rosenkreuz fort und fort besteht; und je mehr wir uns diesem großen Geist nähern, desto mehr Kraft wird uns zukommen. Von dem Ätherleib (d.h. übersinnlichen Lebensorganismus) dieses großen Führers, der immer und immer da sein wird, können wir viel Kraft und Beistand erhoffen, wenn wir diesen großen Führer um seine Hilfe bitten.«[68] War oben von Christian Rosenkreuz als einem Archetypus die Rede, so korrespondiert damit Steiners Vorstellung von einer als überpersönlich empfundenen Kraftquelle, der man sich auf dem Weg einer meditativen Zuwendung nähern könne, das heißt einer Instanz, von der man in der Gegenwart geistige Führung erwarten dürfe.

Angesichts dieser hohen Einschätzung mag jedoch zweierlei verwundern: Keine seiner als Bücher konzipierten Veröffentlichungen ist dieser so wichtigen Gestalt gewidmet! Und auch dort, wo Steiner sowohl Einzelvorträge als auch Vortragszyklen, wie den über »Die Theosophie des Rosenkreuzers« (1907), zu diesem Thema gehalten hat, erfolgt keine systematische Behandlung. Steiner ist – wie in allen seinen zahlreichen Vorträgen – ein Aphoristiker. Kaum hat er einen Fragenkomplex angesprochen, leitet er auch schon zu Gesichtspunkten über, die nicht immer mit dem Besprochenen zusammenhängen, was sich aus der jeweiligen Vortragssituation ergeben haben mag. In der Hauptsache sind es Erwähnungen, die sich mit Mosaiksteinen vergleichen lassen, die zu einem Gesamtbild zusammenzuführen sind. Eine Ausnahme macht der noch zu besprechende Zeitschriftenaufsatz über *Die Chymische Hochzeit des Christian Rosenkreuz* (1917/18)[69], der diesem grundlegenden Text gewidmet ist.

Zum anderen fällt auf, dass Christian Rosenkreuz bzw. das Rosenkreuzertum während der ersten Jahre seiner theosophisch-anthroposophischen Tätigkeit lange unerwähnt bleiben. Weder in den Vorträgen »Die Mystik im Aufgange des neuzeitlichen Geisteslebens« (1900/01) noch in »Das Christentum als mystische Tatsache« (1901/02) wird das rosenkreuzerische Motiv auch nur berührt. Völlig unbekannt kann es ihm zu diesem Zeitpunkt jedoch nicht gewesen sein. Der Goethe-Forscher hatte sich »Goethes geheimer Offenbarung«

genähert und auf der Schwelle zum neuen Jahrhundert als esoterisches Geistesgut zu aktualisieren versucht. Selbst in der kleinen Aufsatzsammlung »Goethes Geistesart« (1918), in dem der »Faust« sowie das »Märchen von der grünen Schlange und der schönen Lilie« knapp interpretiert werden, vermisst man einen Bezug, etwa auf Goethes rosenkreuzerisches Gedicht-Fragment »Geheimnisse«. Das geschieht erst wenig später, dann aber in der Art einer sukzessiven Annäherung.[70]

Für die Verhältnisbestimmung der Steinerschen Lehrweise innerhalb der Theosophischen Gesellschaft ist eine Notiz wichtig, die wir einem Handschreiben entnehmen, das Annie Besant an den in theosophischen Zusammenhängen mit Steiner kurze Zeit liierten Theosophen Wilhelm Hübbe-Schleiden gerichtet hat. Darin heißt es unter dem 7. Juni 1907: »Dr. Steiners okkulte Schulung ist von der unserigen sehr verschieden. Er kennt den östlichen Weg nicht, daher kann er ihn auch nicht lehren. Er lehrt den christlich-rosenkreuzerischen Weg, der für manche Menschen eine Hilfe, aber von unserem verschieden ist. Er hat seine eigene Schule und trägt auch selbst die Verantwortung dafür. Ich halte ihn für einen sehr guten Lehrer in seiner eigenen Richtung und für einen Mann mit wirklichen Erkenntnissen. Er und ich arbeiten in vollkommener Freundschaft und Harmonie, aber in verschiedenen Richtungen.«[71]

Steiners Hinweis lautete: Seit dem Mittelalter habe es auch in Europa große Weise gegeben, auch entsprechende Bruderschaften, an erster Stelle die der Rosenkreuzer.

Nach seinen Vorträgen und Schriften »Die Mystik« und »Das Christentum als mystische Tatsache« vergingen einige Jahre, bis Rudolf Steiner dem Rosenkreuzertum in seinen

Vorträgen zunehmende Aufmerksamkeit schenkte. Bezeichnenderweise geschah das anfangs im Hinblick auf seine Standortbestimmung innerhalb der Theosophischen Gesellschaft. Annie Besant mag daraus die eben zitierte Charakteristik abgeleitet haben. Tatsächlich hatte Steiner allen Grund, die von ihm vertretene »Geisteswissenschaft« gegen den »esoterischen Buddhismus« derer abzugrenzen, die die zeitgenössische Adyar-Theosophie als bloße Wegbereiterin des originären östlichen Buddhismus hinstellten. Sein Hinweis lautete: Seit dem Mittelalter habe es auch in Europa große Weise gegeben, auch entsprechende Bruderschaften, an erster Stelle die der Rosenkreuzer. Wohl seien von den »orientalischen Brüdern« schon zu Beginn des 19. Jahrhunderts mancherlei Anregungen ausgegangen. Doch inzwischen sei eine grundlegende Veränderung eingetreten, die man nicht unbeachtet lassen dürfe:

»Heute haben wir es nicht mehr im Entferntesten nötig, noch fortzupflanzen die Anklänge an den Buddhismus. Heute sind wir imstande, durchaus aus unserer europäischen Kultur, ja aus der christlichen Kultur heraus, ohne irgendwelche Hinweise auf buddhistische Quellen (...) die Sache darzustellen.«[72] Die »Meister und Brüder des Ostens« seien – wie jede Form spiritueller Zeugnisse der Vergangenheit – bloß Anreger gewesen. Eine fortdauernde Verpflichtung ihnen gegenüber bestehe somit nicht. Die heutige Theosophie müsse »in unseren Herzen jeden Tag aufs Neue« erstehen.[73] Und von daher könne man den rosenkreuzerischen Einschlag begreifen.

Will man sich nun – in Umrissen – mit wesentlichen Aspekten des Steinerschen Rosenkreuzer-Verständnisses bekannt machen, ohne durch das Vielerlei der Erwähnungen irritiert zu werden[74], dann kann man seine Aufmerksamkeit einerseits auf die Geistesart lenken, wie sie sich seiner Meinung nach als Erkenntnisweg darstellt; zum anderen ist zu klären, welches Bild Steiner in seinen verschiedenen Vorträgen von Christian Rosenkreuz und seiner Anhängerschaft entworfen hat. Festzuhalten ist vorweg, dass die anthroposophische Erkenntnisart zwar in geistiger Nachbarschaft zum Rosenkreuzertum gesehen wird, jedoch mit ihm nicht gleichgestellt werden will.

Was bei der Behandlung des Themenkomplexes auffällt, ist die Tatsache, dass Rudolf Steiner an der historischen und philologisch-literaturwissenschaftlichen Fragestellung kaum interessiert ist. Ja, er lässt gelegentlich durchblicken, für wie unwichtig er die einschlägigen Dokumente hält: Denn »wer die Geschichte und namentlich die äußere Geschichte des Rosenkreuzertums kennt, wie sie in der Literatur niedergelegt ist, der weiß übrigens sehr wenig von dem wirklichen Inhalt der rosenkreuzerischen Theosophie.«[75] Sieht man von seiner Teilinterpretation der *Chymischen Hochzeit* ab, dann verzichtet er somit auf ein genaueres Eingehen auf die Quellenfrage! Die Vorgehensweise, die einer Gleichsetzung von rosenkreuzerischer Methode und Theosophie entspricht, erhebt er zum Prinzip seiner Betrachtungsart. Doch die Geschichte dieser Idee klammert er bewusst aus. Er tut es unter der Voraussetzung, dass es sich – pauschal ausgedrückt – um »eine uralte und immer neue Weisheit« handle, die seit dem 14. (!) Jahrhundert bekannt sei. Rosenkreuz sei eine »hohe spirituelle Individualität«, der einen kleinen Kreis eingeweihter Schüler um sich geschart habe. Immer wieder – in verschiedenen Reinkarnationen also – habe dieser Rosenkreuz den physischen Plan betreten. Dessen Anhänger und Nachfolger hätten beispielsweise im 18. Jahrhundert bestimmte spirituelle Einflüsse auf das kulturelle und geistige Leben ausgeübt. Goethe sei in jungen Jahren einer rosenkreuzerischen Quelle nahe gekommen (»Die Geheimnisse«; »Das Märchen«). Aufgefunden werden könne diese rosenkreuzerische Weisheit heute nur, wenn eine ihr gemäße hellseherische Fähigkeit entwickelt worden sei, wie sie Steiner in seinen Schriften und Vorträgen zum Schulungsweg angibt. Ist eine solche Fähigkeit einmal auf diese Weise erarbeitet, so könne sie mit dem Denken erfasst werden. So lautet in der Regel die Antwort auf Fragen nach der Zuverlässigkeit seiner Lehrmitteilungen, die sich einer Nachprüfung mit üblichen Mitteln entziehen.

Damit leitet Steiner über zu dem, was er als die »Erkenntnis höherer Welten« bezeichnet hat, der letztlich auch seine »Geisteswissenschaft« entstammt. Deutlich wird dies, wenn man beispielsweise seinen Münchner Zyklus über die »Theosophie des Rosenkreuzers«[76] zum Vergleich heranzieht. Wichtig ist ihm dabei die Konkretisierung des Ideellen, die aus den Worten spricht: »Rosenkreuzerweisheit muss nicht nur in den Kopf gehen, auch nicht bloß in das Herz, sondern in die Hand, in unsere manuelle Fähigkeit, in das, was der Mensch täglich tut. Es ist kein sentimentales Mitfühlen; es ist ein Sich-Erarbeiten der Fähigkeiten, innerhalb des allgemeinen Menschheitsdienstes zu wirken. (...) Auf die werktätige Erkenntnis, auf die Möglichkeit, aus der Erkenntnis heraus einzugreifen in das Leben – darauf kommt es an!«[77]

Achtet man auf den Zeitpunkt, an dem er dieses Postulat aufstellt, dann ist es bemerkenswert zu sehen, wie Steiners Zielsetzung von Anfang an darin bestand, die von ihm vertretene Esoterik zu gegebener Zeit in die Lebenspraxis der Erziehung und Menschenbildung überzuführen. Wie bekannt, ist das auf zahlreichen Feldern kultureller Gestaltung geschehen und hat dort bis heute vielfältige Früchte getragen. Insofern kann von einer Konkretisierung eines rosenkreuzerischen Impulses gesprochen werden.

Dass die Pädagogik im Schaffen Rudolf Steiners – wie übrigens schon bei Andreae und in besonderem Maße bei Comenius – eine wichtige Rolle spielt, sei deshalb hervorgehoben, weil seine kleine Schrift »Die Erziehung des Kindes vom Gesichtspunkte der Geisteswissenschaft« in ihrer ersten Fassung etwa gleichzeitig (1907) veröffentlicht wurde.[78] Das darin zunächst skizzenhaft Niedergelegte stellt einen integralen Bestandteil der späteren Waldorfschul-Pädagogik dar. In anderen Zusammenhängen wies er auf die Zusammengehörigkeit des Pädagogischen und des Rosenkreuzerischen hin. Er meinte beispielsweise:

Steiner sieht den christlichen Einweihungsweg in den Evangelien, namentlich im Johannes-Evangelium, dargestellt.

»Das darin (d.h. in »Die Erziehung des Kindes vom Gesichtspunkt der Geisteswissenschaft«) Enthaltene können Sie einfach ohne Rosenkreuzer-Theosophie nicht wissen. Nicht Theorie soll sie bleiben, sondern ein Handanlegen an das praktische tägliche Leben soll sie werden. Suchen Sie das in den früheren Formen der Theosophie: Es ist einfach nicht da.[79] Die Rosenkreuzer-Theosophie ist da, um des Menschen Sehnsüchte zu befriedigen, und auch um den Geist einfließen zu lassen in die täglichen Verrichtungen. Rosenkreuzer-Theosophie ist nicht da für den Salon oder den Einsiedler, sondern für die Menschheitskultur.«[80]

Was die esoterische Schulung betrifft, die im letzten der genannten Münchener Rosenkreuzer-Vorträge (1907) wie auch andernorts behandelt wird, so wählt Steiner hier die Schilderung in der Gestalt einer Gegenüberstellung. Für ihn gibt es demnach zwei im abendländischen Bereich einst beschrittene beziehungsweise heute gangbare Wege: Zunächst ist da jener der christlichen Einweihung. Steiner sieht ihn in den Evangelien, namentlich im Johannes-Evangelium, dargestellt. Es ist ein meditativer Weg, der in besonderer Weise dadurch an das Gefühlsleben appelliert, es wachruft und zu einem Miterleben impulsiert, dass er die Leidensstufen Christi vergegenwärtigen hilft. Dieser Weg beginnt bei der Fußwaschung (Joh. 13). Es geht darum, dass man die damit verbundene dienende Funktion als eine Art Grundgefühl in sich aufleben lässt. Wochenlang, monatelang gebe man sich Betrachtungen hin, die diese Gesinnung in einem stark werden lassen. Es folgen dann weitere Meditationsstufen. Es sind dies die Geißelung, die Dornenkrönung, die Kreuzigung, der mystische Tod, Grablegung und Auferstehung, schließlich die bei Johannes nicht berichtete Himmelfahrt Christi.[81] Hierzu bemerkt Rudolf Steiner:

»Das Durchgehen durch demütig hingebungsvolle Zustände stellt das Wesen der christlichen Einweihung dar. Wer sie so ernsthaftig durchgeht, der erlebt seine Auferstehung in den geistigen Welten.«[82] Doch nicht jeder könne heute diese meditative Vergegenwärtigung in ihrer asketischen Strenge vollziehen. Steiner lässt durchblicken, dass diese mystische Praxis des Mittelalters heute der Erneuerung bedürfe. (Zu sprechen wäre von einer Mystagogie des Christentums im Sinne einer zum übenden Nachvollzug anregenden Einführung in die Botschaft Jesu, nachdem die kirchliche Verkündigung heute eine betont lehrhaften Charakter angenommen hat.) Und hier setze die rosenkreuzerische Methode an, die nicht weniger christlich sein wolle. Aber ihre ebenfalls siebenstufige Struktur nehme auf die besonderen Seelenbedürfnisse des heutigen Menschen Rücksicht. In einem ähnlichen Sinn pflegte Steiner die mittelalterliche Mystik der von ihm vertretenen Theosophie oder Anthroposophie gegenüberzustellen. Was die erwähnten Seelenbedürfnisse anbelangt, so brachte er diese mit einem Bewusstseinsumschwung in Zusammenhang, wie er durch das naturwissenschaftliche Denken und durch die Maximen der Aufklärung in der Neuzeit manifest geworden sei.

So betrachtet, lässt sich die von ihm benutzte Vokabel »rosenkreuzerisch« geradezu als Synonym für eine der heutigen Bewusstseinsart angemessene Spiritualität ansehen, die dem Denken die ihm gebührende Bedeutung zuerkennt. Bestätigt und unterstrichen wird dies durch den anthroposophischen Erkenntnisweg, auf dem den speziellen Denkübungen eine besondere Wichtigkeit beigemessen wird. Die Aktivierung der übrigen Seelenkräfte muss dann freilich noch hinzukommen, um jeder Einseitigkeit aus dem Weg zu gehen.[83]

Die von Steiner genannten sieben rosenkreuzerischen Stufen sind: Das Studium, das einer Vertiefung in die betreffenden, auf die übersinnlichen Tatbestände gezogenen Gedankeninhalte gleichkommt. Es folgen die Stufen der imaginativen und inspirativen Erkenntnis, wie sie auch auf dem anthroposophischen Weg vorkommen. Es folgen Stufen, die wiederum an ältere naturphilosophische beziehungsweise alchymistische Vorstellungen erinnern, nämlich die der Bereitung des Steins der Weisen (lapis philosophorum), die Entsprechung zwischen Makrokosmos und Mikrokosmos, das Hineinleben in den Makrokosmos und schließlich das Stadium der »Gottseligkeit«. Wichtig ist Steiner – und dies charakterisiert den von ihm aufgezeigten rosenkreuzerischen Weg als solchen –, dass die in Theosophie und Anthroposophie angestrebte Selbsterkenntnis niemals mit einer weltverschlossenen Innerlichkeit (Mystizismus) verwechselt werden darf. Selbsterkenntnis und Welterkenntnis korrespondieren miteinander. Deshalb zur Beschreitung des von ihm Gemeinten sein Hinweis:

»Das ist kein In-sich-Hineinbrüten! Nicht sollen Sie sagen: Drinnen ist der Gott; den will ich suchen! Sie würden nur einen kleinen Menschen finden, den Sie selbst zum Gott aufbauschen. Wer nur von diesem Hineinbrüten spricht, kommt niemals zur wirklichen Erkenntnis. Zu dieser zu kommen auf dem Wege der rosenkreuzerischen Theosophie, ist unbequemer und erfordert konkretes Arbeiten. Die Welt ist voller Herrlichkeiten und Großartigkeiten. Man muss sich in *sie* vertiefen. Man muss den Gott in seinen Einzelheiten kennen. *Dann* kann man ihn in sich selbst finden. (...) Und das ist kein bloßes Verstehen mehr. Es lebt sich aus in Gefühlen; es schmilzt den Menschen zusammen mit der ganzen Welt. Und er empfindet alle Dinge als den Ausdruck des göttlichen Geistes der Erde. Ist der Mensch so weit, dann handelt er ganz von selbst aus dem Willen des ganzen Kosmos heraus, und das ist ›Gottseligkeit‹. Wenn wir imstande sind, so zu denken, dann gehen wir den Rosenkreuzer-Weg. Die christliche Schulung baut mehr auf das Gefühl, das im Innern ausgebildet wird; die rosenkreuzerische Schulung lässt auf sich wirken, was in der physischen Wirklichkeit ausgebreitet ist als die Göttlichkeit der Erde, und lässt es in Empfindung ausklingen. Wenn Sie so denken, wie man in der Gegenwart denkt, dann können sie den Rosenkreuzer-Weg gehen.«[84]

Darin erblickt Steiner eine Zeitforderung. Es gelte, eine okkulte, das heißt eine spirituelle Schulung dieser Art zu absolvieren, weil sie nicht allein ein hehres Ideal vorstellt oder der Menschheitsevolution entspricht, sondern weil sie gleichzeitig Kräfte vermittelt, die dem Fortgang dieses Prozesses dienen. So ist auch hierin ein pädagogischer Impuls angesprochen, den sein gesamtes Werk durchzieht.

Eingebettet sind diese auf den bezeichneten Schulungsweg bezogenen Angaben in eine Deutung des Rosenkreuzertums, die sich von dessen historischer Grundlegung, also von den Manifesten deutlich entfernen, gewiss ohne ihren Intentionen expressis verbis zu widersprechen. Bei alledem gewinnt man immerhin den Eindruck, Steiner spinne den Faden des Mythos weiter, den Andreae und sein Kreis, auch dessen Nachfolger der sogenannten Gold- und Rosenkreuzer im 18. Jahrhundert, mit der allegorischen Schrift »Geheime Figuren der Rosenkreuzer« (Altona 1785) begonnen haben.[85]

Es ist nicht zu leugnen: Dem Verständnis der Steinerschen Darlegungen stehen bisweilen erhebliche Fremdkörper entgegen, wenn man bedenkt, wie er in einer Reihe interner Vorträge Christian Rosenkreuz nicht nur als eine historische Persönlichkeit des 14. oder 15. Jahrhunderts behandelt und auf deren Wiederverkörperungen zu sprechen kommt, was einer Gleichsetzung der symbolischen Redeweise der Texte mit historisch fixierbaren Daten entspräche. Darüber hinausgreifend bringt er R.C. selbst mit der Erscheinung Christi im »Mysterium von Golgatha«, andererseits mit Buddha und dem Kreis der Bodhisattvas in Verbindung.[86] Damit ist vollends ein Konsens mit der historisch fassbaren Rosenkreuzer-Idee ausgeschlossen – ganz zu schweigen, von der ausdrücklichen Geringschätzung Johann Valentin Andreaes, den er wiederholt als »salbungsvollen öligen Pastor« hinstellt, als habe der sich nicht vielfältige historisch belegbare Verdienste erworben.[87] An dieser Stelle ist im übrigen darauf zu verzichten, auf einen etwaigen Zusammenhang mit jenen einst umstrittenen innertheosophischen Problemen einzugehen, wie sie sich gegen 1909 mit Blick auf den als kommenden Weltenlehrer ausgerufenen Hindu-Knaben Jiddu Krishnamurti entwickelt haben. Rudolf Steiner verneinte kompromisslos eine derartige Lehre[88], weil es ihm um die Einmaligkeit der Christus-Verkörperung ging, die den Gedanken einer Reinkarnation naturgemäß ausschließt.

Christologische Aussagen wie diese stellen im Steinerschen Werk keine nur beiläufigen oder singulären Äußerungen dar. Vielmehr weisen sie Mal um Mal in das Zentrum der Anthroposophie selbst. Weil für ihn Christus »der Geist der Erde« ist, das heißt: Er stellt die zentrale impulsierende Lebensmitte des gesamten Kosmos dar, etwa analog der spätpaulinischen Verkündigung des kosmischen Christus im Epheser- und Kolosserbrief. Deshalb sind alle wesentlichen Mitteilungen über Christian Rosenkreuz und das Rosenkreuzertum in diesem geistesgeschichtlichen wie spirituellen Kontext zu sehen. Dennoch fehlt es nicht an allerlei befremdlich anmutenden Lehren des »Geistesforschers«. Sie beziehen sich auf angebliche Reinkarnationsfolgen, in die Christian Rosenkreuz eingegliedert erscheint, etwa ausgehend von dem Erbauer des Salomonischen Tempels, Hiram-Abif, über Lazarus-Johannes bis hin zu der Angabe, wonach Rosenkreuz in jedem Jahrhundert durch eine personale Repräsentanz in Aktion trete und sich seine geistigen Schüler suche.[89] Dies entspricht einer Berufung, nach der der Einzelne zum Dienst im Sinne der rosenkreuzerischen Christus-Nachfolge bestellt werde. Mit einem Wort: Fragen über Fragen erschweren das Verständnis derartiger Deutungen.

Bei unvoreingenommener Betrachtung all der vielen Mitteilungen, die Steiner über Christian Rosenkreuz und das gemäß seinen Voraussetzungen betrachtete Rosenkreuzertum gemacht hat, wird man die erhebliche Distanz zu den Grundtexten des historischen Rosenkreuzertums nicht verkennen. Eine kritische Bewertung der Steinerschen Aussagen ist innerhalb der anthroposophischen Bewegung öffentlich noch nie erfolgt. Man kann sich beispielsweise fragen, warum er sich einer derart mythologisierenden Darstellungsform bedient hat, die dem Verständnis der rosenkreuzerischen Spiritualität eher entgegensteht, als dass sie es fördert.

Aber das ist nur *ein* Aspekt. Darüber sollen seine Versuche, dem Wesen dieser Spiritualität näher zu kommen, nicht außer Acht gelassen werden. Zwei Texte seien als Beispiele herangezogen, die nicht allein in anthroposophischer Betrachtung bedeutsam sein können. Der eine bezieht sich auf die Meditation des Rosenkreuzes; der andere beschäftigt sich mit der Exegese der *Chymischen Hochzeit Christian Rosenkreuz Anno 1459*. Beide Texte gehören insofern in den engeren Zusammenhang der Steinerschen Bemühungen, als Anthroposophie in erster Linie einen Erkenntnisweg darstellt und die genannten Wortlaute mit spiritueller Erfahrung zu tun haben.

> *Wer in der geistigen Welt wahrnimmt, muss wissen, dass ihm zuweilen Imaginationen zuteil werden, auf deren Verständnis er zunächst verzichten muss.*

Wenden wir uns zunächst dem klassischen Text der *Chymischen Hochzeit* zu, dann fällt auf, dass Steiner darin den literarischen Niederschlag wirklicher geistiger Erfahrung erblickt und seine Interpretation von daher bestimmt sein lässt: »Man kann den geschilderten Erlebnissen gewissermaßen seelisch nachgehen und erforschen, was die Einsicht in geistige Wirklichkeiten zu ihnen zu sagen hat.«[90]

Demnach sind es »sieben seelische Tagewerke«, die der Wanderer R.C. auf dem Weg zur *Chymischen Hochzeit* von

König und Königin zu durchlaufen und in einer Folge von inneren Prüfungen zu bestehen hat. In seiner Auslegung bespricht Steiner die dabei vorkommenden Symbolgestalten und der imaginativen Episoden, in die der fiktive Bruder Rosenkreuz hineingezogen wird. Dennoch ist die Auslegung und Erläuterung des Geschilderten für den Interpreten nicht das Wichtigste. Wesentlicher ist, dass man sich als Leser und als heutiger Betrachter den Bildsequenzen möglichst vorurteilsfrei, also auch ohne vorheriges Bescheidwissen, aussetzt, etwa in der Art, wie man ein Kunstwerk auf sich wirken lässt, um der Wesenhaftigkeit des Vorliegenden erlebend anteilig zu werden. Die Herstellung einer solchen Unmittelbarkeit ist jedenfalls wichtiger als alles spekulierende Dazwischenreden des Verstandes. Steiner gibt hierbei zu bedenken:

»Wer in der geistigen Welt wahrnimmt, muss wissen, dass ihm zuweilen Imaginationen zuteil werden, auf deren Verständnis er zunächst verzichten muss. Er muss sie als Imaginationen hinnehmen und als solche in der Seele ausreifen lassen. Während dieser Reifung bringen sie im Menschen-Innern die Kraft hervor, welche das Verständnis bewirken kann. Wollte sie der Beobachter in dem Augenblicke sich erklären, in dem sie sich ihm offenbaren, so würde er dieses mit einer dazu noch ungeeigneten Verstandeskraft tun und Ungereimtes denken. In der geistigen Erfahrung hängt vieles davon ab, dass man die Geduld hat, Beobachtungen zu machen, sie zunächst einfach hinzunehmen und mit dem Verstehen bis zu dem geeigneten Zeitpunkte zu warten.«[91]

Ein im Vordergründigen verbleibendes Verstehenwollen ist in unserem Zusammenhang somit von sekundärer Bedeutung, ja sogar hinderlich, weil dadurch die unmittelbare

Beobachtung verstellt würde. Letztlich ist dieser Rat Steiners auch in anderen Zusammenhängen und Situationen geistigen Strebens angebracht. Ein besonderer Gesichtspunkt sei noch erwähnt. Er bezieht sich auf die Charakteristik, die Steiner für das Wesen des Rosenkreuzerischen im Gegenüber zu der mystischen Seelenhaltung herausarbeitet. Nach seiner Sicht der Dinge ist »echte Mystik bestrebt, das nach dem menschlichen Innern zu gelegene geistig Wesenhafte des Menschen (...) zu erleben«. Demnach entspräche, die »Mystische Hochzeit« der »Vereinigung der bewussten Seele mit der eigenen Wesenheit«. Die *Chymische Hochzeit* dagegen stelle »die Begegnung mit dem Geistgebiet der Natur dar«.[92]

Der mystische Weg einerseits, der rosenkreuzerische beziehungsweise alchymische auf der anderen Seite verlaufen somit in verschiedene Richtungen. Es handelt sich um zwei unterschiedliche Orientierungen. Einmal geht es *nach innen*; das andere Mal *nach außen*. Im ersten Fall ist die Erscheinungsvielfalt der äußeren Welt so weit als möglich ausgeschaltet. Mystik kommt von griech. *myein,* schließen, weil die nach außen gerichteten Sinne zu verschließen sind, um sich ganz der Konzentration auf die Innenerfahrung hinzugeben. Die andere Seelenhaltung richtet sich dagegen bewusst nach außen, um in den irdisch-kosmischen Phänomenen – genauer: um jeweils ein bestimmtes Phänomen in Augenschein zu nehmen – und auf das zugrunde liegende Geistige Acht zu haben, etwa auf das Urphänomen in der sinnlichen Erscheinung. (Ob freilich auf diese Weise das Wesen des Mystischen bereits in zureichendem Maße erfasst ist, bleibe einstweilen dahingestellt. Immerhin ist Steiners Unterscheidung geeignet, die beiden Seelenhaltungen in einem polaren Gegenüber stehend und einander wechselseitig ergänzend, zu charakterisieren.)

Wie zu zeigen war, laufen Steiners Bemühungen immer wieder darauf hinaus, den Geistesschüler auf den Pfad einer spirituellen Entwicklung zu stellen, auf dem er zu eigenem Erkennen gelangen möge. Darin erblickte Rudolf Steiner überhaupt seine Aufgabe als geisteswissenschaftlicher Lehrer. Ihr will letztlich auch seine Interpretation der *Chymischen Hochzeit* dienen, insoweit diese »wirkliche geistige Erfahrungen« abbilde. Naturgemäß wird diese Zielsetzung noch deutlicher aufgezeigt in seinen Schriften und Vorträgen, die der Schilderung des anthroposophischen Erkenntnisweges gewidmet sind. Dies erklärt das wiederholte Auftreten des Rosenkreuzes als eines in der Anthroposophie bedeutsamen Sinnbildes. Es will aber nicht allein als Meditationsgegenstand genommen werden, wie man üblicherweise annehmen könnte. Es ist die »bilderzeugende Seelentätigkeit« als solche, auf die der Übende seine Aufmerksamkeit zu richten und die er zu aktivieren hat, wenn er - über die Sphäre des Imaginativen hinausgehend – seelisch aktiv werden will.[93]

Wenden wir uns nun der sogenannten Rosenkreuz-Meditation als solcher zu, die Steiner wiederholt darstellt, dann hat man es zunächst mit dem Kreuzessymbol (schwarz) zu tun, dem Rosen (weiß[94] oder rot) zugeordnet sind. Die darin sich artikulierende Polarität spricht bereits ihre eigentümliche Sprache. Sie appelliert an Kopf und Herz. Sie bezeugt Sinnhaltigkeit und stellt eine Verbindung zu einem mitfühlenden Erleben dessen dar, was sich in Farbe und Form jeweils ausspricht. Es handelt sich um einen imaginativen Vorgang. In der geistigen Übung der (inneren) Vorstellung, die von der Imagination zur Inspiration strebt, ist eine Überwindung, das heißt eine in einem doppelten Sinn zu vollziehende Aufhebung des Bildelements (*imago*) vorzunehmen. Steiner drückt das so aus:

»Wenn der Geistesschüler versucht, aus seinem Bewusstsein das schwarze Kreuz und auch die roten Rosen als Bilder von sinnlich-wirklichen Dingen ganz verschwinden zu lassen und nur in der Seele jene geistige Tätigkeit zu behalten, welche diese Teile zusammengesetzt hat, dann hat er ein Mittel zu einer solchen Meditation, welche ihn nach und nach zur Inspiration führt. (...) Ich will mich in kein Bild, sondern in meine eigene bilderzeugende Seelentätigkeit versenken.«[95]

So gesehen liegt es entscheidend daran, wie man dieses ursprünglich von der schwäbischen Familie Andreae gewählte Sinnzeichen ihres Wappens sich für die spirituelle Übung fruchtbar machen kann, zumal es sich um ein zentrales Symbol des esoterischen Christentums handelt.[96]

Fassen wir zusammen, dann ergeben Steiners zahlreiche Angaben zu Christian Rosenkreuz und das Rosenkreuzertum – ungeachtet einzelner kontrovers zu betrachtender Angaben – zweierlei:

Rudolf Steiner hat einen Weg beschritten, der sich in Methode und Ergebnis von den historischen Quellen bisweilen weit entfernt. Man kann sich immer wieder fragen, weshalb er sich einer solchen Darstellungsweise bedient hat, wie aus einzelnen Vortragsnachschriften ersichtlich. Dem jungen Goethe-Forscher und dem mit erkenntnistheoretischen Problemen beschäftigten Philosophen, dem Autor der »Philosophie der Freiheit«, musste dieses Vorgehen schon vom Vokabular her überaus fremd gewesen sein. Allenfalls bei einem an pseudo-esoterischen »Geheimnissen« sich erbauenden Adyar-Theosophen konnte Steiner mit dem Interesse rechnen, das er dort auch tatsächlich fand. Dieses Eintreten für das Rosenkreuzertum diente beispielsweise dazu, einem ausufernden orientalisierenden Spiritualismus entgegenzutreten, in dessen Zusammenhang der erwähnte Jiddu Krishnamurti als (eine Art) Christus-Reinkarnation gefeiert wurde.

Die Gefahr der Verwechslung der mythischen Bildrede mit historischen Fakten, mit angeblichen Reinkarnationen des Christian Rosenkreuz und dergleichen nahm er offensichtlich in Kauf. Nach der endgültigen Trennung von der Theosophischen Gesellschaft traten derartige Mitteilungen in den Hintergrund. Aufgegeben hat er diese Lehrart jedoch nicht[97]. Das Überpersönliche, Archetypische an R.C. blieb ihm bis in seine letzte Lebenszeit hinein wichtig.

> *Das Überpersönliche, Archetypische an R.C. blieb ihm bis in seine letzte Lebenszeit hinein wichtig.*

Auf der anderen Seite erblickte Rudolf Steiner seinen Lebensauftrag darin, das innen (esoterisch) Empfangene in eine Lebenspraxis umzusetzen, von der – wie geschehen – kulturerneuernde Impulse ausgehen können. Die Auseinandersetzung mit historischen Fragen, wie sie die Rosenkreuzer-Forschung bewegt, konnte er daher anderen überlassen. Zur Kennzeichnung seines Tuns im Rahmen der anthroposophischen Bewegung musste ihm daran liegen, auf die *Geistgestalt* aufmerksam zu machen, die seit dem ausgehenden Mittelalter und auf der Schwelle zu einem neuen Bewusstsein inspirierend und befruchtend gewirkt hat. Diese Strömung fortzusetzen und in einer gegenwartsgemäßen Weise in den kulturellen Zusammenhang hineinzustellen, bestimmt sein Tun, auch wenn dies expressis verbis nicht immer in Zeichen von Kreuz und Rose geschah.

Literaturhinweise

Textausgaben

Johann Valentin Andreae: Fama Fraternitatis – Confessio Fraternitatis – Chymische Hochzeit Christiani Rosenkreuz Anno 1459. Eingeleitet und herausgegeben von Richard van Dülmen. Stuttgart 1973.
Johann Valentin Andreae: Die Chymische Hochzeit. (...) Hrg. Alfons Rosenberg. (Dokumente religiöser Erfahrung). München-Planegg 1959.
A Christian Rosenkreutz-Anthology. Compiled and edited by Paul M. Allen. New York o.J.
Fama Fraternitatis. Das Urmanifest der Rosenkreuzer-Bruderschaft zum ersten Mal nach den zeitgenössischen Manuskripten durch Pleun van der Kooij. Mit einer Einführung über die Entstehung und Überlieferung der Manifeste der Rosenkreuzer von Carlos Gilly. Haarlem 1998.
Die Bruderschaft der Rosenkreuzer. Die Originaltexte und Goethes Fragment »Die Geheimnisse«. Hrg. Gerhard Wehr. Köln 2007

Sekundärliteratur

Brecht, Martin: Johann Valentin Andreaes Versuch einer Erneuerung der württembergischen Kirche im 17. Jahrhundert, in: Kirchenordnung und Kirchenzucht in Württemberg vom 16. bis zum 18. Jahrhundert. Stuttgart 1967.
Brecht, Martin: Johann Valentin Andreae. Weg und Programm eines Reformers zwischen Reformation und Moderne, in: Theologen und Theologie an der Universität Tübingen.

Hrg. Martin Brecht. Tübingen 1977, S. 270 - 406.

Cimelia Rhodostaurotica. Die Rosenkreuzer im Spiegel der zwischen 1610 und 1660 entstandenen Handschriften und Drucke. Ausstellung der Bibliotheca Philosophica Hermetica und der Herzog August Bibliothek Wolfenbüttel. Hrg. Carlos Gilly. Amsterdam 1995.

Jan van Rijckenborgh: Die Alchimische Hochzeit des Christian Rosenkreuz, Esoterische Analyse der Chymischen Hochzeit Christiani Rosencreutz, Rozekruis Pers, Haarlem 1998.

Das Erbe des Christian Rosenkreuz. Vorträge gehalten anlässlich des Amsterdamer Symposiums 18. - 20 November 1986. Hrg. Frans Janssen. Amsterdam 1988.

Dietzfelbinger, Konrad: Die Geistesschule des Goldenen Rosenkreuzes. Lectorium Rosicrucianum. Andechs 1999.

Dülmen, Richard van: Die Utopie einer christlichen Gesellschaft. Johann Valentin Andreae, Teil I. Stuttgart 1978.

Edighoffer, Roland: La Rose-Croix. Paris, 4. Aufl. 1992.

Edighoffer, Roland: Rosicrucianism. From the Seventeenth to the Twentieth Century, in: Modern Esoteric Spirituality. Edited by Antoine Faivre and Jacob Needleman. Neu York 1992.

Edighoffer, Roland: Die Rosenkreuzer. München 1995.

Frick, Karl R.H.: Die Erleuchteten. Gnostisch-theosophsiche und alchemistisch-rosenkreuzerische Geheimgesellschaften bis zum Ende des 18. Jahrhunderts. Graz 1973.

Frietsch, Wolfram: Die Geheimnisse der Rosenkreuzer. Ein westlicher Einweihungsweg. Reinbek 1999.

Gilly, Carlos: Johann Valentin Andreae 1586 - 1986. Die Manifeste der Rosenkreuzerbruderschaft. Katalog einer Ausstellung in der Bibliotheca Philosophica Hermetica. Amsterdam 1986.

Gilly, Carlos: Adam Haslmair. Der erste Verkünder der Manifeste der Rosenkreuzer. Amsterdam 1994.

Gilly, Carlos: Comenius und die Rosenkreuzer, in: Neugebauer-Wölk, Monika (Hrg.): Aufklärung und Esoterik. Hamburg 1999, S. 87 - 107.

Harnischfeger, Ernst: Mystik im Barock. Stuttgart 1980.

Joachimsen, Paul: Johann Valentin Andreae und die evangelische Utopie, in: Zeitwende, 2. Jrg. 1926, S. 485 - 503; 623 - 642.

Kossmann, Bernhardt: Alchemie und Mystik in Johann Valentin Andreaes Chymischer Hochzeit Christiani Rosenkreuz (Diss.) Köln 1966.

Lamprecht. Neue Rosenkreuzer. Ein Handbuch. Göttingen 2004 (Lit.)

Lehrs, Ernst: Der rosenkreuzerische Impuls im Leben und Werk von Joachim Jungius und Thomas Traherne. Stuttgart 1962.

Montgomery, J.W.: Cross and Crucible. Johann Valentin Andreae. Phoenix of the theologians I/II. Den Haag 1973.

Neugebauer-Wölk, Monika (Hrg.): Aufklärung und Esoterik. Hamburg 1999.

Peuckert, Will-Erich: Pansophie. Versuch zur Geschichte der weißen und schwarzen Magie. Berlin 1956.

Peuckert, Will-Erich: Das Rosenkreuz, 2. neugefasste Auflage, mit einer Einleitung von Rolf Christian Zimmermann. Berlin 1973.

Rosenkreuz als europäisches Phänomen im 17. Jahrhundert. Hrg. Bibliotheca Philosophica Hermetica. Amsterdam 2002.

Schlögl, Rudolf: Von der Weisheit zur Esoterik. Themen und Paradoxien im frühen Rosenkreuzer-Diskurs, in: Neugebauer-Wölk, Monika (Hrg.): Aufklärung und Esoterik. Hamburg 1999, S. 53 - 86.

Stracke, Viktor: Das Geistgebäude der Rosenkreuzer. Wie kann man die Figuren der Rosenkreuzer heute verstehen? Dornach 1993.

Waite, Arthur E.: The Brotherhood of the Rosy Cross. London 1924; New York 1973.

Wehr, Gerhard: Theo-Sophia. Christlich-abendländische Theosophie. Eine vergessene Unterströmung. Zug/Schweiz (Die Graue Edition).

Wehr, Gerhard: Gnosis, Gral und Rosenkreuz. Esoterisches Christentum von der Antike bis heute. Köln 2007.

Yates, Frances A.: Aufklärung im Zeichen des Rosenkreuzes. Stuttgart 1975; neuer Titel: Ursprünge des Logenwesens. Historische Erhellungen aus der Renaissance. Schaffhausen 2008.

Gabriele Quinque: Splendor Solis. Das Purpurbad der Seele. Zweiundzwanzig Pforten der initiatischen Alchemie, Edition fabrica libri, 2004

Über den Autor

Dr. theol. h.c. Gerhard Wehr arbeitet als freier Schriftsteller in Schwarzenbruck bei Nürnberg. Er ist Verfasser zahlreicher Studien zur neueren Geistesgeschichte, insbesondere zur christlichen Mystik. Seine Biographien über C.G. Jung, Rudolf Steiner, Martin Buber, Jean Gebser, Graf Dürckheim, H.P. Blavatsky und andere sind in zahlreichen europäischen und asiatischen Sprachen verbreitet.

Zuletzt erschienen: »Die deutsche Mystik«, »Lexikon der Spiritualität«, »Die Bruderschaft der Rosenkreuzer – Die Grundschriften«; »Gnosis, Gral und Rosenkreuz« (sämtlich Anaconda Verlag Köln); »Spirituelle Meister des Westens« (Diederichs Gelbe Reihe – Hugendubel München); »Heilige Hochzeit« (Edition Pleroma Frankfurt); »C.G.Jung – Leben, Werk, Wirkung« (erweiterte Neuauflage Thelesma Verlag München); »Christliche Mystiker von Johannes und Paulus bis Simone Weil und Dag Hammarskjöld« (Pustet Verlag Regensburg).

Anmerkungen

1 Definition (von lat. *finis*, Ende) drückt den begrenzenden Charakter eines Gegenstands aus, während Symbol (von griech. *symbállein*, zusammenfügen) die Zusammenschau eines vordergründig Sichtbaren mit einem Zugrunde liegenden, Übersinnlichen nahelegt. Vgl. Taja Gut: Der zerbrochene Ring. Zur Wirklichkeit des Symbols, in: Symbol – Die Suche nach dem Spirituellen in der sinnlichen Erscheinung. Zur russischen Kunst des 20. Jahrhunderts. Dornach 1998.
2 Oft wird etwas geringschätzig »utopisch« genannt, um eine Erscheinung als unkonkret und wirklichkeitsfremd hinzustellen. Dem ursprünglichen Sinn nach handelt es sich aber lediglich darum, dass das Gemeinte vorderhand zwar noch keinen Ort (griech. *tópos*) hat, also noch nicht in Erscheinung getreten ist, aber der Zeitpunkt (griech. *kairós*) einer Verwirklichung noch ausstehen kann. Nicht prinzipiell ist auszuschließen, was sehnsüchtig erwartet wird! Und gerade der in diesem Sinn utopische Charakter einer erhofften, noch nicht eingetretenen Erfüllung setzt erfahrungsgemäß Kräfte frei, mit denen man sich für das Kommende einsetzt.
3 In einer Hinsicht liegt es nahe, wenigstens für einen Moment vergleichweise an den historischen Jesus von Nazareth zu denken und an die auf ihn bezogene Leben-Jesu-Forschung zu erinnern. Zwar ist von der historischen Existenz dieses Jesus auszugehen. Doch hat sich als ernüchterndes Ergebnis der theologischen Forschung herausgestellt, dass der Versuch, Jesu Biographie rekon-

struieren zu wollen, schon auf Grund der besonderen Quellenlage zum Scheitern verurteilt ist. Doch dieses Scheitern sagt nur etwas aus über die Unangemessenheit der eingesetzten Mittel.

4 In den Texten steht für Rosenkreuz oft das Kürzel »Fr.C.R.C.«, also Frater (Bruder) Christian Rosenkreuz.
5 Frances A. Yates: Aufklärung im Zeichen des Rosenkreuzes. Stuttgart 1975, S. 144. – Roland Edighoffer: Die Rosenkreuzer. München 1995, S. 16. – Carlos Gilly in: Cimelia Rhodostaurotica. 2. verb. Aufl. Amsterdam 1995, S. 68.
6 Dietrich Bonhoeffer: Widerstand und Ergebung. München 1964, S. 177.
7 Gerhard Wehr: Giordano Bruno. München 1999.
8 Jakob Böhme: De signatura rerum oder Von der Geburt und Bezeichnung aller Wesen (1622), Kap. I, 22 ff.
9 Jakob Böhme: Aurora oder Morgenröte im Aufgang. Hrg. Gerhard Wehr. Frankfurt 1992 ff (Insel Taschenbuch 1411).
10 Vgl. Gerhard Wehr: Theo-Sophia. Christlich-abendländische Theosophie. Eine vergessene Unterströmung. Zug/Schweiz (Die Graue Edition) 2007, S. 84 - 96.
11 Die Bruderschaft der Rosenkreuzer. Die Originaltexte und Goethes Fragment »Die Geheimnisse«. Hrg. Gerhard Wehr. Neudruck Köln 2007.
12 Jakob Böhme: De signatura rerum, 16, 48.
13 Über die zwischen 1610 und 1620 entstandenen rosenkreuzerisch relevanten Handschriften und Drucke vgl. »Cimelia Rhodostaurotica«. Amsterdam 1995.
14 Rudolf Schlögl: Von der Weisheit zur Esoterik. Themen und Paradoxien im frühen Rosenkreuzerdiskurs, in: Neugebauer-Wölk, Monika (Hrg.): Aufklärung und Esoterik. Hamburg 1999, S. 53.

15 J.V. Andreae: Selbstbiographie, zit. nach Hans Schick: Das ältere Rosenkreuzertum. Berlin 1942; Schwarzenburg/ Schweiz 1980, S. 70.
16 Hans Schick a.a.O. S. 67.
17 Wie Anmerkung 11, S. 107.
18 Eine Anspielung auf das alttestamentliche Passalamm.
19 Die Buchreihe »Dokumente religiöser Erfahrung« brachte Alfred Rosenberg in den fünfziger Jahren des 20. Jahrhunderts im Otto Wilhelm Barth Verlag München heraus.
20 Alfons Rosenberg: Der Rosenkreuzer J.V. Andreae, in: Die Chymische Hochzeit Christiani Rosenkreuz. München-Planegg 1957, S. 44.
21 Hier liegt eine deutliche Parallele zu Jakob Böhmes Theosophie. Bereits seine »Aurora oder Morgenröte im Aufgang« (Kap. 1,1) beginnt mit dem Hinweis: »So man aber will von Gott reden, was Gott sei, so muss man fleißig erwägen die Kräfte in der Natur.«
22 Rudolf Steiner: Die Chymische Hochzeit des Christian Rosenkreutz, in: R. Steiner: Philosophie und Anthroposophie. Gesammelte Aufsätze 1904 - 1918 (GA 35). Dornach 1965, S. 341.
23 Kennzeichnend ist für die fragliche Zeit, dass Astronomen wie Kepler auch ernsthaft Astrologie betrieben oder dass Isaak Newton sowohl naturwissenschaftliches Denken anwandte, gleichzeitig aber auch mystisch-theosophische Studien betrieb und sich von diesen inspirieren ließ.
24 Will-Erich Peuckert: Das Rosenkreuz. 2. neugefasste Auflage. Hrg. Rolf-Christian Zimmermann. Berlin 1973, S. 60 f.
25 Jakob Böhme: Von der Menschwerdung Jesu Christi (1620). I. Teil, Kap. 4, 10.

26 Zit. nach W.E. Peuckert: Das Rosenkreutz, S. 103.
27 Frances A. Yates: Aufklärung im Zeichen des Rosenkreuzes. Stuttgart 1975, S. 55.
28 Walter Nigg: Das ewige Reich. Geschichte einer Hoffnung (1954). München-Hamburg 1967 (Siebenstern TB 105/06).
29 Im Zusammenhang Gerhard Wehr: Gnosis, Gral und Rosenkreuz. Esoterisches Christentum von der Antike bis heute. Köln: Anaconda 2007.
30 Gerhard Wehr: Heilige Hochzeit. Symbol und Erfahrung menschlicher Reifung (München 1986). Neuausgabe Edition Pleroma, Frankfurt 2008.
31 In seinem »Kleinen Katechismus« (1529) drückt Luther im Hauptstück von der Taufe dies so aus: »(...) dass der alte Adam in uns durch tägliche Reue und Buße soll ersäuft werden und sterben mit allen Sünden und bößen Lüsten; und wiederum täglich herauskommen und auferstehen ein neuer Mensch, der in Gerechtigkeit und Reinigkeit vor Gott ewiglich lebe«.
32 Über das Tübinger Dreigestirn Heß, Besold und Andreae vgl. Gerhard Wehr: Theo-Sophia. Zug (Die Graue Edition) 2007, S. 84 ff.
33 Hans Schick: Das ältere Rosenkreuzertum, S. 63.
34 Richard van Dülmen: Die Utopie einer christlichen Gesellschaft. Johann Valentin Andreae (1586 - 1654) Teil I. Stuttgart 1978, S. 25.
35 R. van Dülmen a.a.O. S. 28.
36 Martin Brecht: Geschichte des Pietismus vom 17. Bis zum frühen 18. Jahrhundert. Göttingen 1993 Bd. I, S. 130 ff.
37 Ders. a.a.O. S. 166.
38 J. V. Andreae: Christianopolis (1619). Hrg. Wolfgang Biesterfeld. Stuttgart 1975.
39 Der utopische Staat. Morus: Utopia; Campanella: Sonnen-

staat; Bacon: Neu Atlantis. Hrg. K.J. Heinisch.Reinbek 1960.
40 J. V. Andreae, zit. bei Hans Schick, S. 109.
41 Den vierten Teil seiner »Vier Bücher vom wahren Christentum« überschrieb Johann Arndt »Buch der Natur«. Vgl. Wilhelm Koepp: Johann Arndt und sein Wahres Christentum. Berlin 1959; zur Forschung Koepp: Johann Arndt. Eine Untersuchung über die Mystik im Luthertum (1912). Aalen 1973.
42 Über Andreae und Comenius vgl. Martin Brecht: Geschichte des Pietismus I, S. 165 f.
43 J.V. Andreae, zit. bei Hans Schick, S. 130 f.
44 Hans Schick, S. 123.
45 Johann Amos Comenius: Clamores Eliae, zit. bei Carlos Gilly, in: Neugebauer-Wölk (Hrg.): Aufklärung und Esoterik. Hamburg 1999, S. 88.
46 Thomas Müntzer: Prager Manifest, erweiterte deutsche Fassung, in: Schriften und Briefe. Hrg. Gerhard Wehr. Frankfurt 1973, S. 49.
47 Richard von Dülmen: Die Utopie einer christlichen Gesellschaft, S. 96 f.
48 Rudolf Steiner (1906); dazu die von ihm entwickelte Rosenkreuz-Meditation in: Die Geheimwissenschaft im Umriß (GA 15).
49 Alfons Rosenberg: Die Chymische Hochzeit Christiani Rosenkreuz. München-Planegg 1957, S. 50.
50 Eine auf ca. 20 Bände berechnete Edition von Andreaes »Gesammelte Schriften« ist im Erscheinen begriffen: Hrg. von Wilhelm Schmidt-Biggemann in Zusammenarbeit mit Fachgelehrten. Stuttgart-Bad-Cannstatt 1994 ff. Die darin enthaltenen drei Rosenkreuzerschriften einschließlich der italienischen Satire des Trajano Boccalini zur Generalreformation sind im 3. Band enthalten, übersetzt

und kommentiert durch den französischen Historiker Roland Edighoffer.
51 Martin Brecht: Der alte Johann Valentin Andreae und sein Werk - eine Anzeige, in: Rosenkreuz als europäisches Phänomen im 17. Jahrhundert. Hrg. von der Bibliotheca Philosophica Hermetica. Amsterdam 2002, S. 77 ff.
52 John Warwick Montgomery: Cross and Crusible. Johann Valentin Andreae (1586 - 1654) Phoenix of the Theologians, Vol. II. The Hague 1973, S. 489 - 509.
53 Frances A. Yates: Aufklärung im Zeichen des Rosenkreuzes (The Rosicrucian Enlightenment, 1972). Stuttgart 1975; neu unter dem Titel: Ursprünge des Logenwesens. Historische Erhellungen. Schaffhausen 2008.
54 Frances. A. Yates: Die okkulte Philosophie im Elisabethanischen Zeitalter. Amsterdam 1979, S. 102; 139; 193 ff.
55 Carlos Gilly: Die Rosenkreuzer als europäisches Phänomen im 17. Jahrundert und die verschlungenen Pfade der Forschung, in: Rosenkreuz als europäisches Phänomen im 17. Jahrhundert, (wie Anmerkung 40) S. 38.
56 Harald Lamprecht: Neue Rosenkreuzer. Ein Handbuch. Göttingen 2004.
57 Hierzu u.a. die Aufsatz- und kritische Quellensammlung »Jakob Böhmes Weg in die Welt«. Hrg. Theodor Harmsen. Amsterdam-Stuttgart 2007, mit Beiträgen von Günter Bonheim, José Bouman, Carlos Gilly, Frans A. Janssen, Frank van Lamoen; E. Oosterwijk-Ritman, J.R. Ritman, Gerhard Wehr und Matthias Wenzel.
58 Dieser Beitrag wurde in überarbeiteter und veränderter Form erstveröffentlicht in: Rosenkreuz als europäisches Phänomen im 17. Jahrhundert, S. 363 - 378.
59 Rudolf Steiner im Brief vom 22. September 1903 an Johanna Mücke, in: Mein Lebensgang (Gesamtausgabe = GA 28), Dornach 1962, 7.Aufl., im Faksimile nach Seite 392.

60 Gerhard Wehr: Rudolf Steiner. Leben, Erkenntnis, Kulturimpuls, 2. erw. Auflage, München 1987.
61 Gerhard Wehr: Helena Petrovna Blavatsky – Eine moderne Sphinx. Dornach 2005; ders.: Spirituelle Meister des Westens. Kreuzlingen-München 2007 (Diederichs Gelbe Reihe).
62 Gerhard Wehr: Theo-Sophia. Christlich-abendländische Theosophie. Eine vergessene Unterströmung. Zug/Schweiz (Die Graue Edition) 2007.
63 Was die von Steiner benutzten einschlägigen Quellen anlangt, so sei generell verwiesen auf Helmut Zander: Anthroposophie in Deutschland. Theosophische Weltanschauung und gesellschaftliche Praxis 1884 - 1945. Göttingen 2007.
64 Helmut Zander: Anthroposophie in Deutschland. Theosophische Weltanschauung und gesellschaftliche Praxis 1884 - 1945. Göttingen 2007.
65 Rudolf Steiner im Vortrag vom 23.5.1904, in: Die Tempellegende und die Goldene Legende (GA 193). Dornach 1979, S. 21.
66 Rudolf Steiner: Anweisungen für die esoterische Schule (GA 42/245). Dornach 1968, S. 135 - 162.
67 Es handelt sich speziell um interne, vor Mitgliedern der Theosophischen Gesellschaft gehaltene Vorträge, zum Beispiel: Vor dem Tore der Theosophie (GA 95); Ursprungsimpulse der Geisteswissenschaft (GA 96); Das christliche Mysterium (GA 97); Natur- und Geistwesen. Ihr Wirken in unserer Welt (GA)98
68 Rudolf Steiner im Vortrag vom 28.9. 1911, in: Das esoterische Christentum und die geistige Führung der Menschheit (GA 130. Dornach 1962, S. 79.
69 Jetzt in Rudolf Steiner: Philosophie und Anthroposophie (GA 35). Dornach 1965.

70 Beispielsweise im Vortrag vom 15.12.1907, in: Natur- und Geistwesen. Ihr Wirken in unserer sichtbaren Welt (GA 98). Dornach 1983, S. 57 ff.
71 Annie Besant am 7.6. 1907 an Wilhelm Hübbe-Schleiden. Faksimile in: Emit Bock: Rudolf Steiner. Studien zu seinem Lebensgang und Lebenswerk. Stuttgart 1961, nach S. 196.
72 Rudolf Steiner im Vortrag vom 8. 12.1904, in: Spirituelle Seelenlehre und Weltbetrachtung (GA 52). Dornach 1972, S. 412.
73 Ders. A.a.O. S. 422 f.
74 Hinweise aus dem Vortragswerk finden sich zusammengestellt bei Paul Regenstreif: Christian Rosenkreuz und seine Mission. Arbeitsmaterial zum Studien der Geisteswissenschaft Rudolf Steiners. Freiburg 1977 (Manuskriptdruck).
75 Rudolf Steiner im Vortrag vom 22.5.1907, in: Die Theosophie des Rosenkreuzers (GA 99). Dornach 1979, S. 11.
76 Wie Anmerkung 64.
77 A.a.O. S. 17f.
78 Rudolf Steiner: Die Erziehung des Kindes vom Gesichtspunkte der Geisteswissenschaft (1907), in: Lucifer-Gnosis. Grundlegende Aufsätze zur Anthroposophie und Berichte (GA 34). Dornach 1987, S. 309 - 345.
79 An die theoretischen und praktischen Aktivitäten auf dem pädagogischen Feld, wie sie sich im Schaffen von Andreae und Comenius finden, dachte Steiner in diesem Zusammenhang offensichtlich nicht.
80 Rudolf Steiner im Vortrag vom 3.6.1909, in: Das Prinzip der spirituellen Ökonomie im Zusammenhang mit Wiederverkörperungsfragen (GA 109/111). Dornach 1979, S. 161.
81 Ausgearbeitet hat Friedrich Rittelmeyer die sieben Stufen

der Christus-Vollendung in seinem Buch »Meditation« (1928), 12. Aufl. Stuttgart 1989. Vgl. Gerhard Wehr: Friedrich Rittelmeyer. Sein Leben. Religiöse Erneuerung als Brückenschlag. Stuttgart 1908, S. 254 f.

82 Rudolf Steiner im Vortrag vom 6.5.1907, in: Die Theosophie des Rosenkreuzers, S. 157.

83 Gerhard Wehr: Der innere Weg. Anthroposophische Erkenntnis, geistige Orientierung und meditative Praxis (1983); Stuttgart 1994.

84 Rudolf Steiner: Die Theosophie des Rosenkreuzers, S. 164 f. Anzumerken wäre, dass Steiner hier wie auch sonst mit einem Mystik-Begriff argumentiert, der nicht selten einem wirklichkeitsflüchtigen Mystizismus entspricht. Die Behauptung, in der mittelalterlichen Mystik komme vornehmlich, wenn nicht ausschließlich das Gefühlserleben zum Zuge, lässt den starken philosophischen, aber auch den auf das Tätigsein Bezug außer Acht, ganz zu schweigen von der apophatischen, auf Gottesaussagen verzichtenden Mystischen Theologie des Dionysios Areopagita (um 500)!

85 Rolf Christian Zimmermann: Das Weltbild des jungen Goethe. Studien zur hermetischen Tradition des deutschen 18. Jahrhunderts. München 1969, S. 98 ff.; Horst Möller: Die Bruderschaft der Gold- und Rosenkreuzer, in: Freimaurer und Geheimbünde, Hrg. Helmut Reinalter. Frankfurt 1983 (stw 403), S. 199 ff.; Viktor Stracke: Das Geistgebäude der Rosenkreuzer. Wie kann man die Figuren der Rosenkreuzer heute verstehen. Dornach 1993; Harald Lamprecht: Neue Rosenkreuzer. Ein Handbuch. Göttingen 2004.

86 Eine Zusammenstellung einschlägiger Belege aus dem Vortragswerk bei Paul Regenstreif: Christian Morgenstern und seine Mission. Freiburg 1977.

87 Rudolf Steiner im Vortrag vom 9. 12. 1923, in: Mysteriengestaltungen (GA 232). Dornach 1958, S. 141.
88 Gerhard Wehr: Krishnamurti – Von der Theosophischen Gesellschaft zu ideologiefreier Spiritualität, in: Spirituelle Meister des Westens (1995). Kreuzlingen-München 2007, S. 87 - 108.
89 Rudolf Steiner: Das esoterische Christentum S. 42ff.; 307 ff. - Ferner Hella Wiesberger: Zur Hiram-Johannes-Forschung Rudolf Steiners, in: Ders.: Zur Geschichte und aus den Inhalten der erkenntniskultischen Abteilung der Esoterischen Schule 1904-1914 (GA 265). Dornach 1987, S. 423 - 436.
90 Rudolf Steiner: Die Chymische Hochzeit Christiani Rosenkreuz, in: Philosophie und Anthroposophie. Gesammelte Aufsätze 1904 - 1918 (GA 35). Dornach 1965, S. 332.
91 A.a.O. S. 346.
92 A.a.O. S. 340 f.
93 In der anthroposophischen Literatur sind die einzelnen Bewusstseinsstufen (Imagination, Inspiration, Intuition) beschrieben; vgl. auch Gerhard Wehr: Der innere Weg, S. 67 - 82.
94 Martin Luther ging davon aus, dass sich im Zentrum einer weißen Rose ein von einem schwarzen Kreuz gezeichnetes rotes Herz befindet, analog zu dem Leitwort: Des Christen Herz auf Rosen geht, wenn's mitten unterm Kreuze steht.
95 Rudolf Steiner: Die Geheimwissenschaft im Umriss (GA 13). Dornach 1977, S. 359 f. Auch in Vorträgen hat Steiner die Rosenkreuz-Meditation besprochen, zum Beispiel im Vortrag vom 10. 2. 1910, in: Pfade der Seelenerlebnisse (GA 58). Dornach 1957, S. 203 ff.
96 Gerhard Wehr: Gnosis, Gral und Rosenkreuz. Esote-

risches Christentum von der Antike bis heute. Köln 2007.
97 Rudolf Steiner: Mysterienstätten des Mittelalters. Rosenkreuzertum und modernes Einweihungsprinzip, (GA 233 a). Dornach 1994.

Gerhard Wehr

Heilige Hochzeit

Symbol und Erfahrung
menschlicher Reifung

Das Mysterium coniunctionis ist die Angelegenheit des Menschen. Er ist der Nymphagogos (Brautführer) der himmlischen Hochzeit. Wie kann sich ein Mensch von diesem Geschehen distanzieren?
C. G. Jung an Erich Neumann (1952)

Die Heilige Hochzeit weht als überirdischer Duft aus der Antike in unsere Zeit herüber. Ob man die Unio Mystica im alten Ägypten, dem hellenistischen Eleusis, in der Alchemie oder im Gedankengut der Rosenkreuzer in seinem Herzen bewegt, als letztes Geheimnis aller Mysterienkulte krönt die Vereinigung der Gegensätze alle Bemühungen um Erkenntnis und Weisheit. Sol und Luna, Mann und Frau, Anima und Animus, diese zwei Seiten einer Münze sind Ausdruck irdischer Dualität, die an der Schwelle des höchsten Himmelstores miteinander verschmelzen. Gerhard Wehr gelingt es mit diesem Werk, den Hieros Gamos als Akt initiatischer Lichterhebung aus den Schleiern der Mysterien hervortreten zu lassen. Im Anblick dieser Herrlichkeit beschleicht den Leser eine Ahnung, was es bedeuten könnte, die legendäre Vereinigung von Sol und Luna in der irdischen Partnerschaft von Mann und Frau beginnen zu lassen. Allein durch die Ausdehnung der erotischen Liebe auf seelische Tiefe und geistige Höhe wird höchstes Herzensglück erfahrbar. Erst die Lieblichkeit wahrer Minne, welche Eros, Philia und Agape in harmonischer Eintracht zu leben vermag, führt in das Wiederentdecken der Einheit als wahre Heimat der menschlichen Seele.

ISBN 978-3-939647-05-8
Hardcover, einige Abbildungen
244 Seiten
€ 28,00

Versand portofrei
innerhalb von zwei Tagen

Edition Pleroma
Marktstraße 132
60388 Frankfurt

Tel: 06109-723579
info@edition-pleroma.de
www.edition-pleroma.de

Die Rosenkreuzer von Westmour Castle

Roman einer Einweihung
auf dem Weg zur weißen Loge
von H. B. Andramoi

Zum Schluss musste ich erkennen, dass das Suchen nach der ewigen Heimat, das Sehnen nach Rückkehr zu ihr die ganze Menschheit durchzieht. Ob archaischer Zauberer, ob Christ, ob Yogi, Buddhist oder Jünger der Mysterien und Rosenkreuzer, sie alle erstreben letzten Endes dasselbe, nämlich die große Wahrheit zu erreichen und im Geist des höchsten Gottes wiedergeboren zu werden.

H. B. Andramoi

Dieses Werk ist ein Schlüsselroman voll mystischer Weisheit. Der Leser wird Zeuge, wenn die Meister Belehrungen aus dem reichen Schatz ihrer Erkenntnisse um die ewige Wirklichkeit geben oder wenn sie über ein Thema, sei es Liebe, Hass, Glück, Religion oder jenseitige Mysterien sprechen. Auf diese Weise führt der Autor auf leichte Art in das Verständnis der Lehre der Rosenkreuzer ein. Für die Übermittlung ihres Wissens an die Nachwelt wählten die Eingeweihten von jeher die unverfängliche Romanform. Sie durften dadurch viel freier die Wahrheit über geistige Dimensionen ausdrücken, die im sachlichen Gewand von der Skepsis ihrer Zeitgenossen abgelehnt oder sogar bekämpft worden wäre.

ISBN 3-939647-00-4
272 Seiten, Hardcover
€ 28,00

Versand portofrei
innerhalb von zwei Tagen

Edition Pleroma
Marktstraße 132
60388 Frankfurt

Tel: 0 61 09 - 72 35 79
info @edition-pleroma.de
www.edition-pleroma.de

Das mystische Leben des Jakob Böhme

Biografischer Roman
von Franz Spunda

Wir müssen unsere Imagination wieder in die himmlische Sophia bringen, dann wird die Lilie in unserer Seele erblühen.

Jakob Böhme

Als Leser folgen wir dem Philosophus Teutonicus in die stete Entfaltung seiner umfangreichen Einsicht in den Schöpfungsplan. Wer zu den Schriften des ungewöhnlichen Schustermeisters aus Görlitz bislang wenig Zugang fand, wird hier zu seinem Gefährten, spiegelt sich in ihm und verspürt ebenso den innigen Wunsch nach einer geistigen Erneuerung seiner Seele unter dem Signum des Rosenkreuzes. Eingebunden in den sogenannten Tübinger Kreis fand Böhme jene Brüderlichkeit, die den engen Radius irdischer Lebensziele in das Himmlische ausweitete. Durch Verklärung erfassend, dass nur die Finsternis der Träger des Lichtes sein kann, ertrug er demütig Entbehrung, Feindschaft und Verleumdung in seinem äußeren Dasein, ermöglichte jedoch dem Himmel, ihn in verborgenen Kammern mit Glanz zu übergießen. Das folgende Zitat von Franz Spunda gibt die einprägsamen Worte eines mysteriösen Fremden an den jungen Jakob Böhme wieder und enthält schon den Samen all dessen, was dieser im Laufe seines Lebens zum Ausdruck bringen soll. *Jakob, noch bist du klein, aber du wirst groß und ein ganz anderer Mensch und Mann werden, dass sich die Welt über dich verwundern wird. Darum sei fromm, fürchte Gott und ehre sein Wort! In Sonderheit lies gerne in Heiliger Schrift, darinnen du Trost und Unterweisung hast. Denn du wirst viel Not, Armut und Verfolgung erleiden, aber sei getrost und bleibe beständig, denn du bist Gott lieb und er ist dir gnädig.*

ISBN 978-3-939647-03-4
256 Seiten, Hardcover
€ 27,00

Versand portofrei
innerhalb von zwei Tagen

Edition Pleroma
Marktstraße 132
60388 Frankfurt

Tel: 06109-723579
info @edition-pleroma.de
www.edition-pleroma.de

www.ingramcontent.com/pod-product-compliance
Lightning Source LLC
Chambersburg PA
CBHW020853160426
43192CB00007B/904